CÓMO DIBUJAR
MANGA

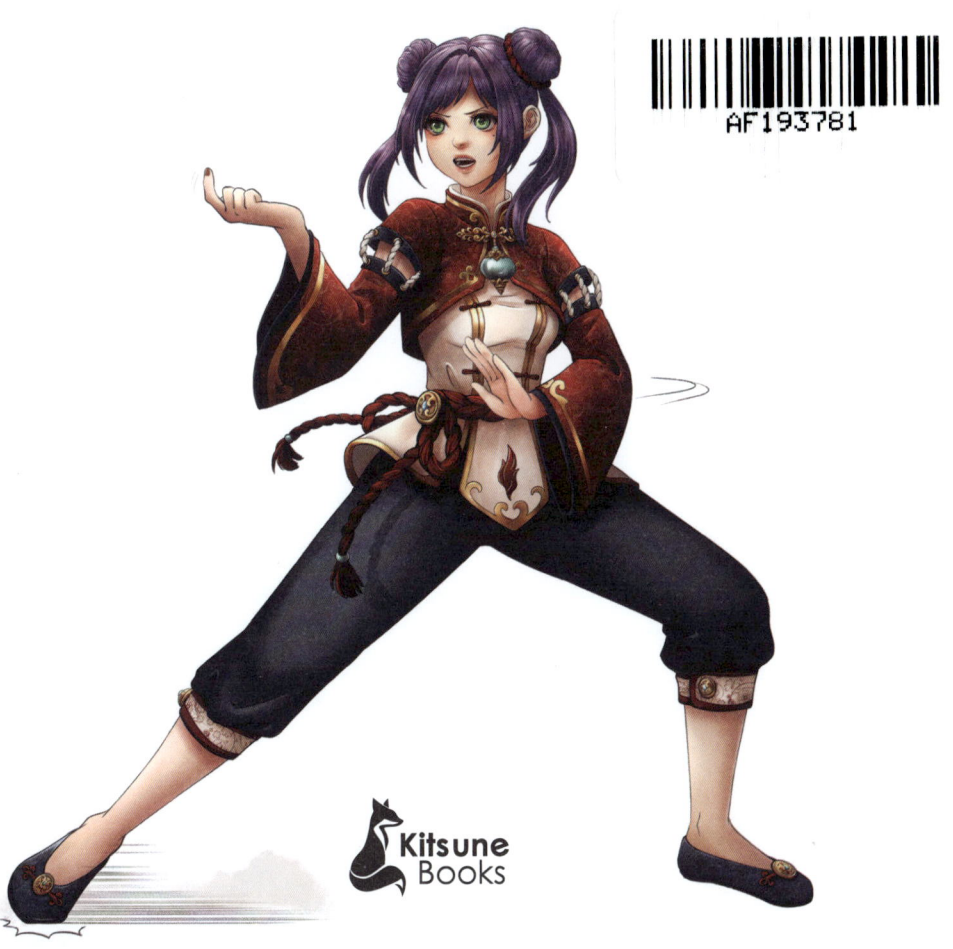

Kitsune Books

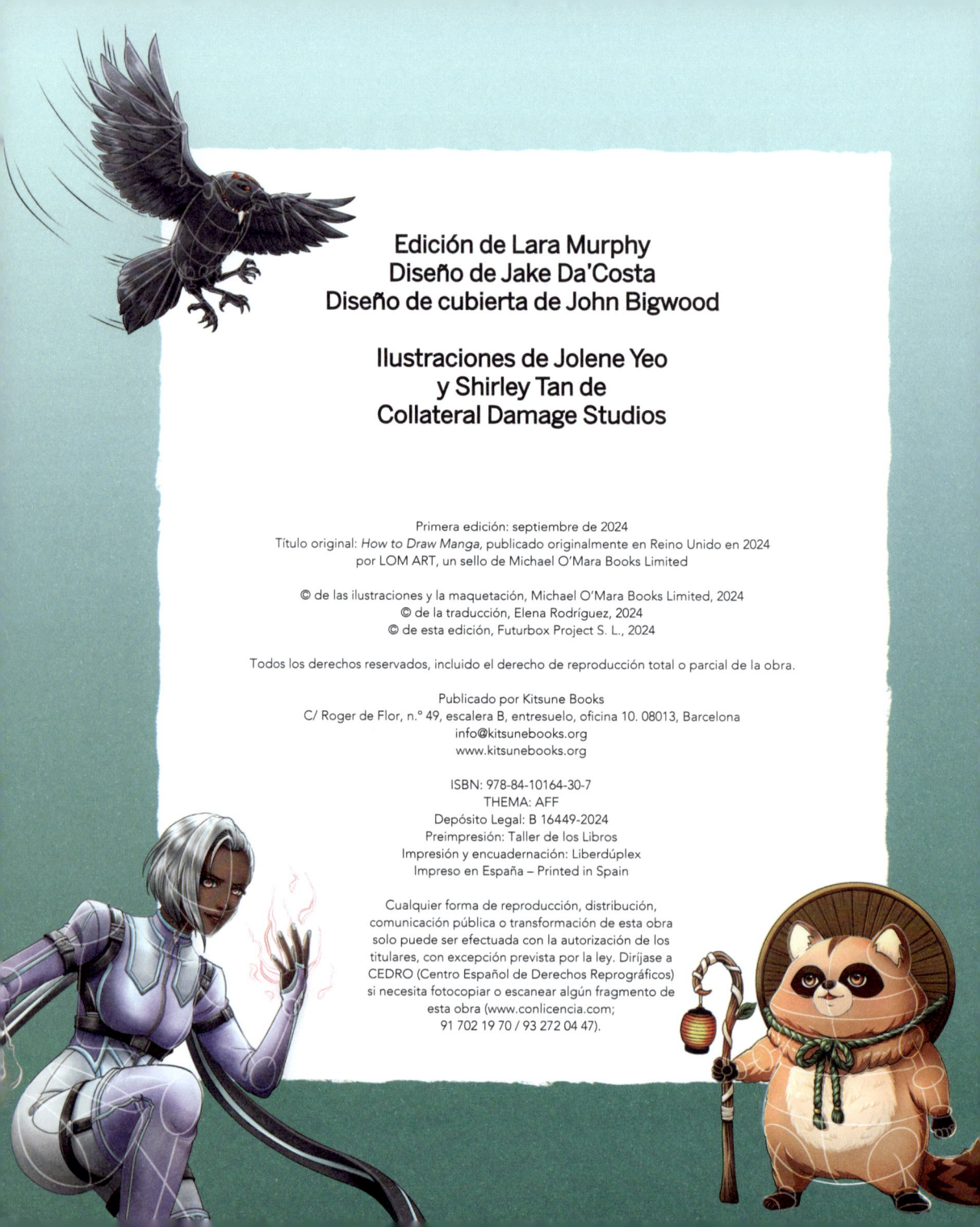

Edición de Lara Murphy
Diseño de Jake Da'Costa
Diseño de cubierta de John Bigwood

Ilustraciones de Jolene Yeo
y Shirley Tan de
Collateral Damage Studios

Primera edición: septiembre de 2024
Título original: *How to Draw Manga*, publicado originalmente en Reino Unido en 2024
por LOM ART, un sello de Michael O'Mara Books Limited

Publicado por Kitsune Books
C/ Roger de Flor, n.º 49, escalera B, entresuelo, oficina 10. 08013, Barcelona
info@kitsunebooks.org
www.kitsunebooks.org

ISBN: 978-84-10164-30-7
THEMA: AFF
Depósito Legal: B 16449-2024
Preimpresión: Taller de los Libros
Impresión y encuadernación: Liberdúplex
Impreso en España – Printed in Spain

CÓMO DIBUJAR
MANGA

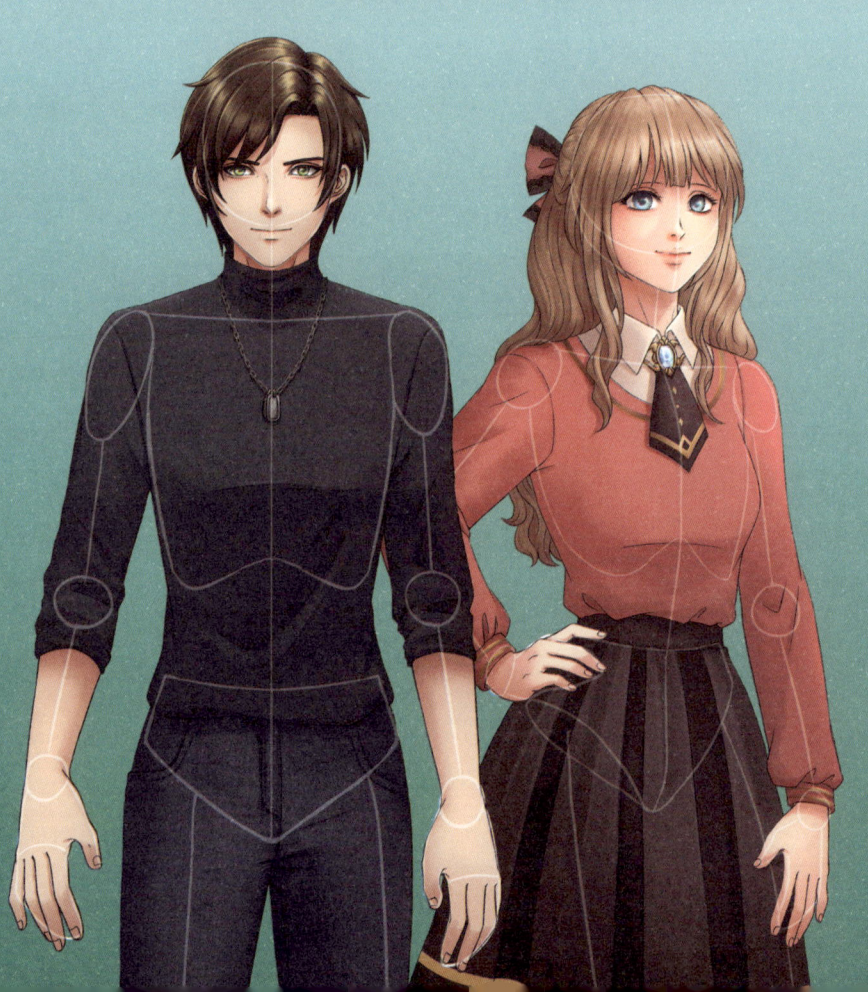

INTRODUCCIÓN

Desde la página en blanco hasta llegar a la obra maestra acabada, este libro proporciona toda la información necesaria para dibujar una ecléctica gama de personajes de manga. Con especial atención al popular estilo de manga *shonen*, aprenderás a crear personajes dinámicos que se ajusten a las convenciones clásicas del manga.
Para personajes más tiernos, experimenta con el adorable estilo chibi; ambos estilos están presentes en estas páginas.

Empieza por perfeccionar los elementos básicos: cabezas, peinados, rasgos faciales y expresiones. Después pasa a las formas y proporciones del cuerpo, y avanza hacia posturas más activas y personajes más complejos. Usa la imaginación para añadir accesorios, atuendos y efectos especiales únicos. Desde malvados caballeros vampiro a dulces criaturas folclóricas y cíborgs distópicos, las posibilidades del diseño de personajes son infinitas.

Deja volar la imaginación y dibuja cuando sientas llegar el impulso: nunca sabes cuándo te vendrá a la cabeza tu próximo personaje o historia.

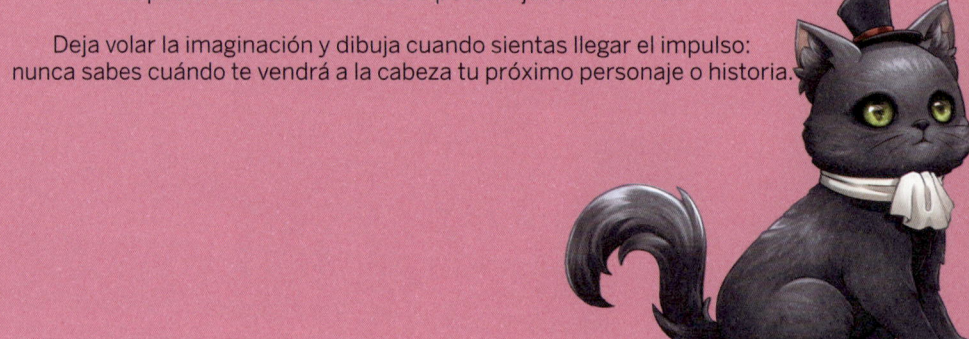

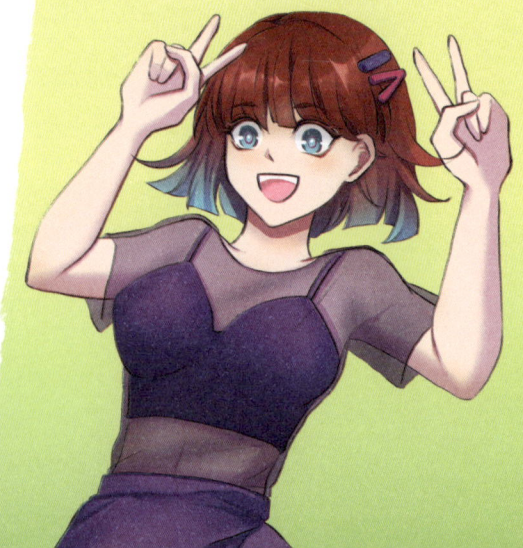

SOBRE LAS ILUSTRADORAS

Jolene Yeo
Jolene Yeo es artista residente en los estudios Collateral Damage de Singapur. Se graduó en la 3dsense Media School, donde estudió diseño conceptual e ilustración. Soñaba con convertirse en ilustradora desde que era muy joven, y ahora trabaja tanto en estilos 2D como en 3D.

Shirley Tan
Shirley Tan es una diseñadora conceptual e ilustradora de Singapur. Le encanta dibujar personajes atractivos y escenarios caprichosos. Siempre busca que sus dibujos sean divertidos, inspiradores y memorables.

ÍNDICE

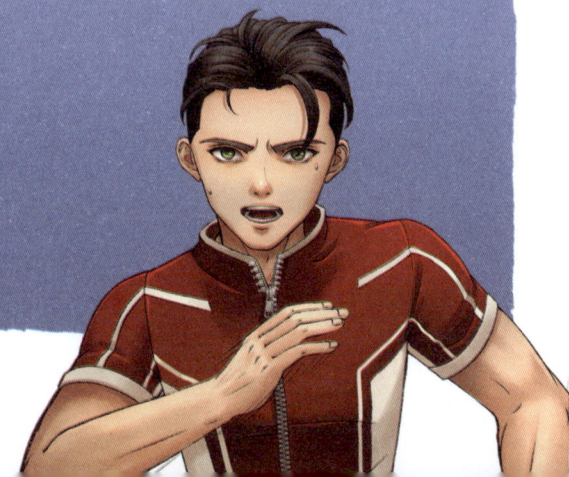

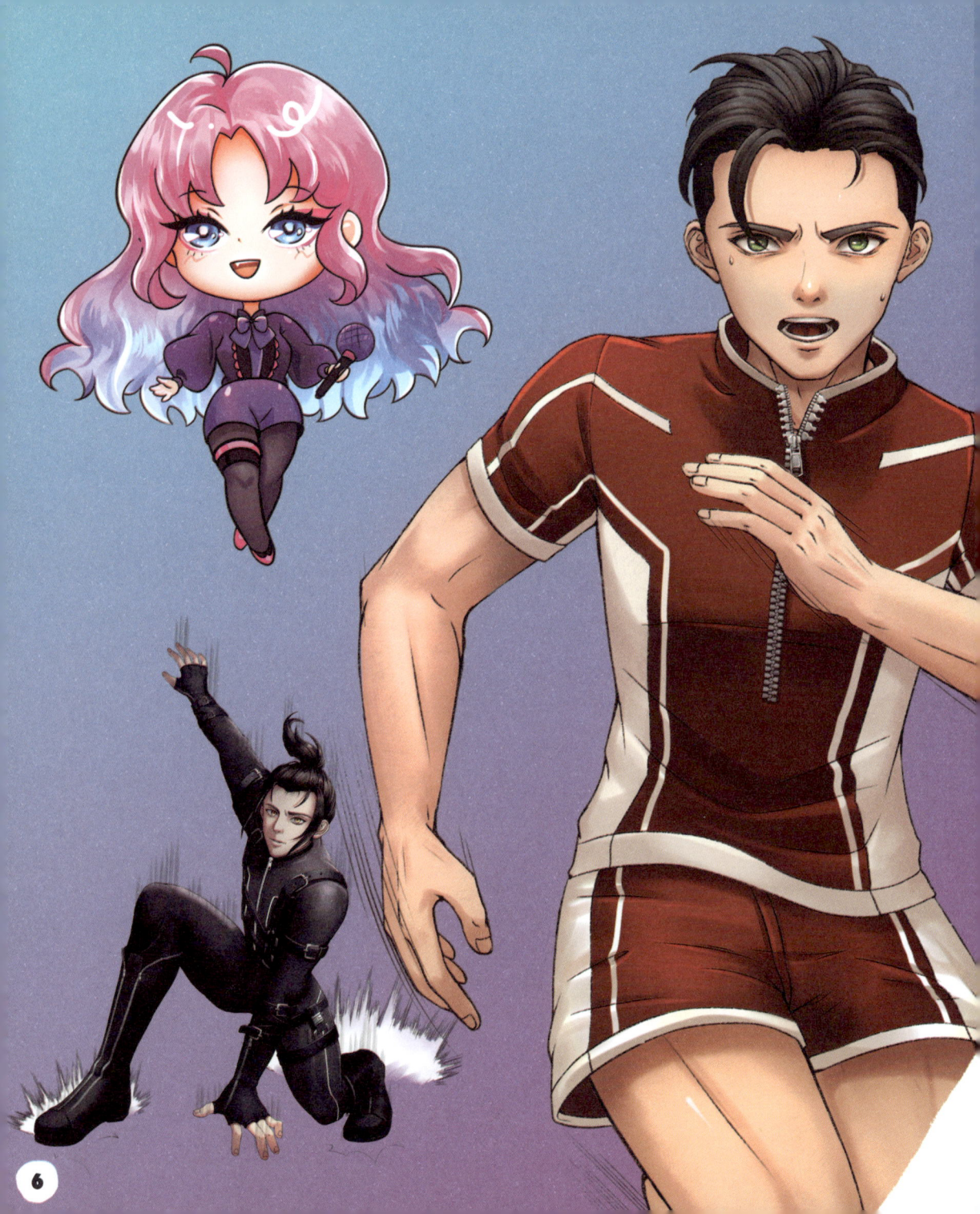

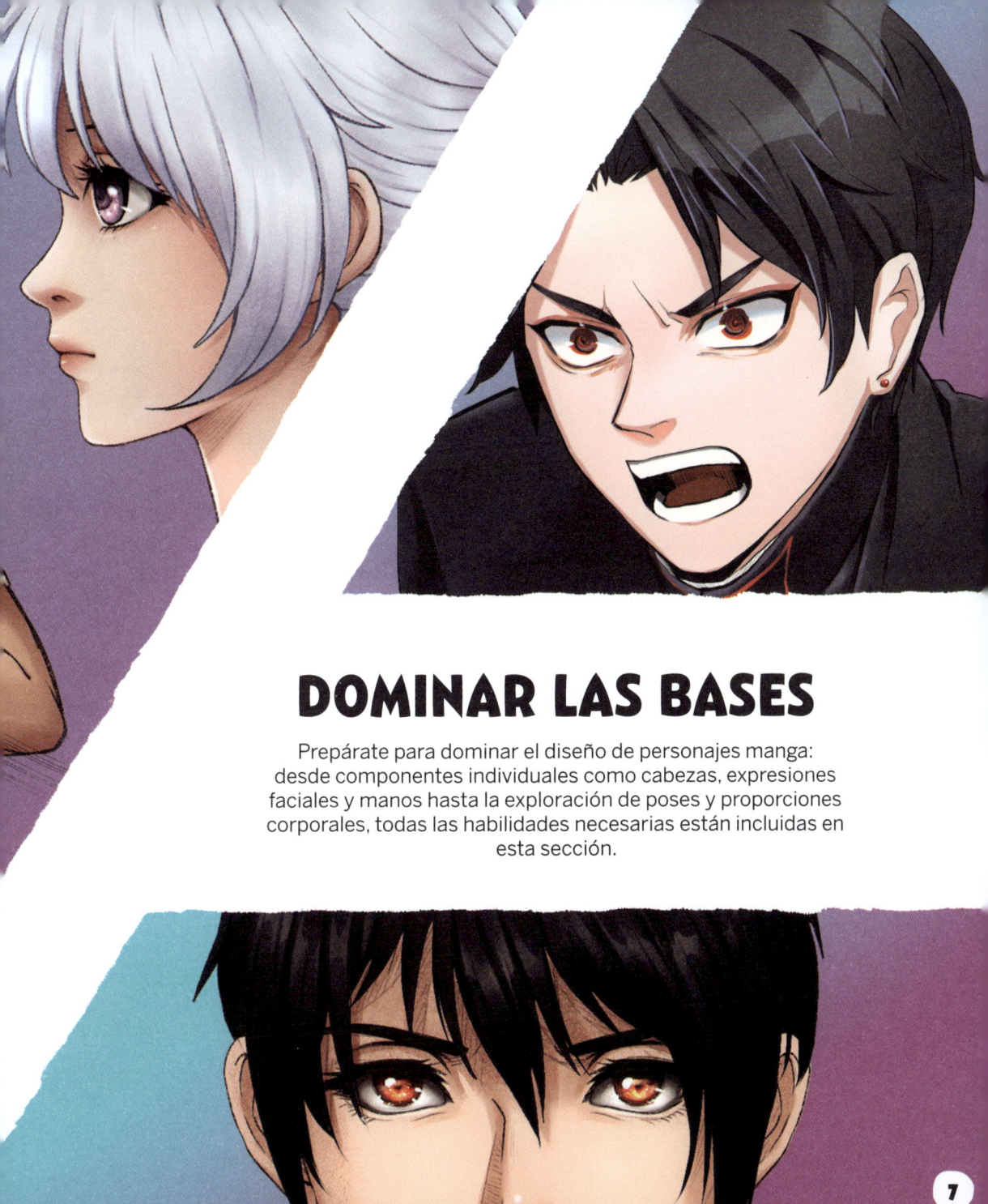

DOMINAR LAS BASES

Prepárate para dominar el diseño de personajes manga:
desde componentes individuales como cabezas, expresiones
faciales y manos hasta la exploración de poses y proporciones
corporales, todas las habilidades necesarias están incluidas en
esta sección.

LA CABEZA

La cabeza de cualquier personaje manga suele tener rasgos sencillos dibujados con lír limpias. Familiarízate con los rasgos, las proporciones y cómo realizar diferentes perspectivas.

VISTA DE FRENTE

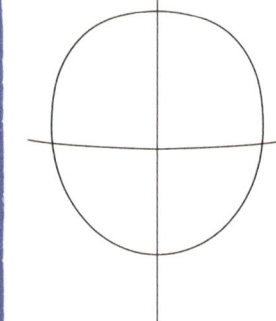

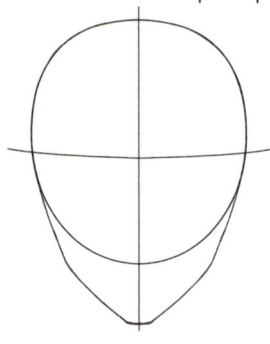

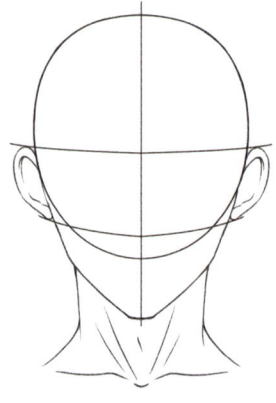

1 Para una vista frontal, dibuja un óvalo sencillo con líneas para mostrar los puntos intermedios.

2 Añade una forma triangular a la parte inferior del óvalo para crear la línea de la mandíbula.

3 Dibuja una segunda guía para establecer la parte inferior de las orejas, como ves aquí. Después, añade también las orejas y el cuello.

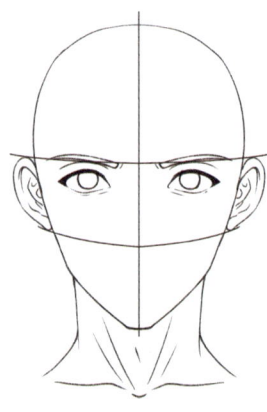

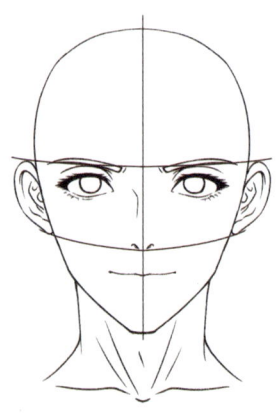

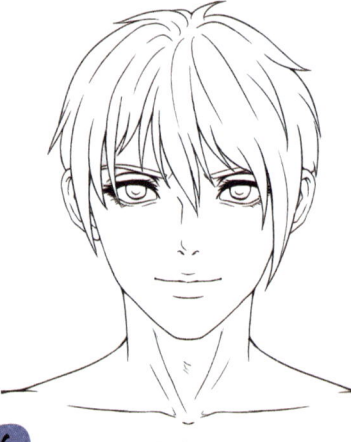

4 Dibuja los ojos y las cejas (ver páginas 12–13). Los párpados deben alinearse con la línea horizontal superior. El tamaño de los ojos variará en función del personaje.

5 La segunda línea horizontal marca la base de la nariz, y los labios van entre la nariz y la barbilla.

6 Cuando tengas la cara dibujada con sus proporciones, esboza un poco de pelo para tu personaje (ver páginas 18–21).

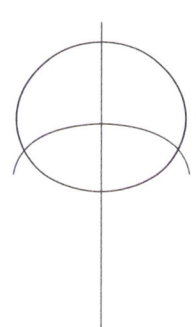
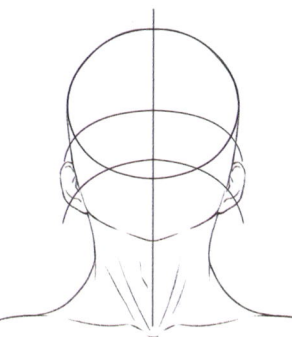
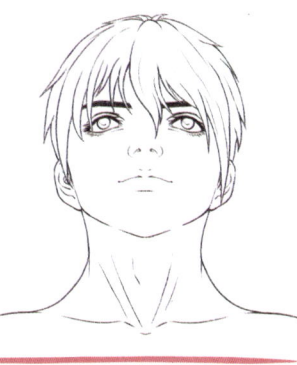

1 Para dibujar una cabeza inclinada hacia arriba, comienza con un círculo aplastado y una guía vertical central. La segunda línea se curva hacia abajo.

2 Amplía el círculo hacia abajo para crear la línea de la mandíbula. Dibuja una segunda línea curva debajo de la primera para marcar la parte inferior de las orejas y dibújalas. Añade el cuello.

3 Incluye detalles en las orejas y dibuja el resto de los rasgos faciales. Por último, dibuja el pelo.

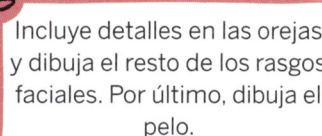
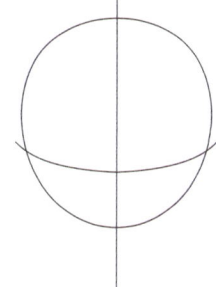
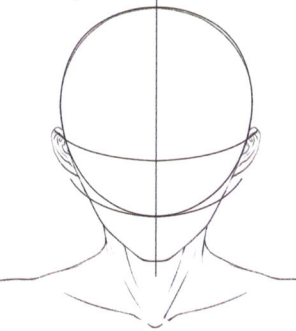
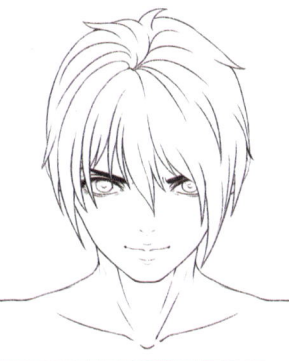

1 Para dibujar una cabeza inclinada hacia abajo, esboza una forma ovalada con una guía vertical. Añade una línea curva a dos tercios del óvalo que se curve hacia arriba.

2 Crea las orejas, la línea superior coincide con la parte de arriba de las orejas. Dibuja una mandíbula más estrecha y un cuello más corto.

3 Añade los rasgos faciales y el pelo para terminar de dibujar a tu personaje.

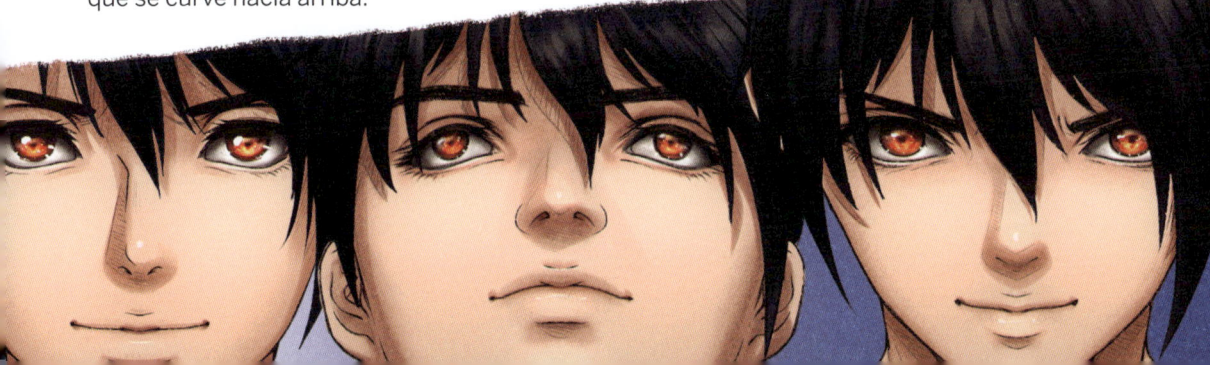

DE PERFIL

En la vida real, ves a la gente en 3D y desde todos los ángulos, y eso es algo que quieres reflejar en el manga. Aprende a dibujar de perfil y rostros de tres cuartos para dar vida a tus personajes.

PERFIL LATERAL

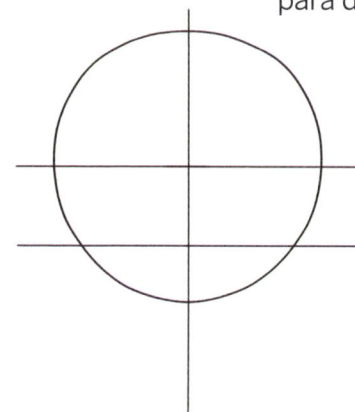

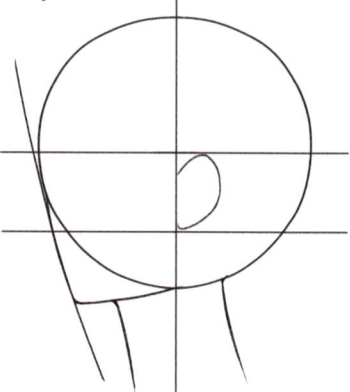

1

Dibuja un círculo con tres líneas guía, como se muestra aquí. La línea horizontal inferior debe estar a medio camino entre el centro y la parte inferior del círculo.

2

Traza una guía inclinada para establecer el contorno delantero de la cara. Utilízala para añadir la mandíbula, y dibuja la oreja entre las guías horizontales. Añade el cuello.

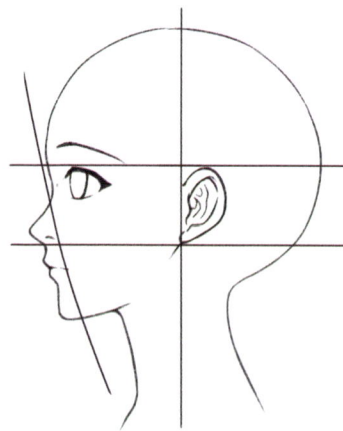

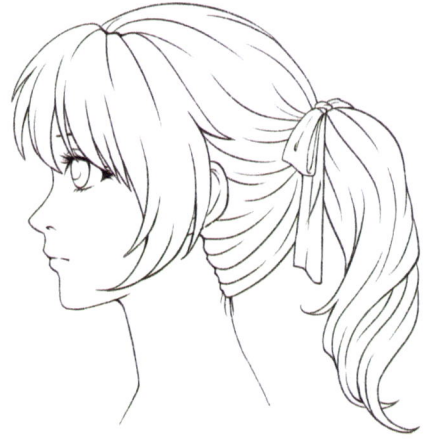

3

La línea horizontal superior marca la posición de la parte de arriba del ojo, y la segunda línea nos indica la parte inferior de la nariz. A menos que el pelo cubra la oreja, añade el detalle de la oreja, como ves aquí.

4

Por último, esboza un peinado para tu personaje (ver páginas 18-21).

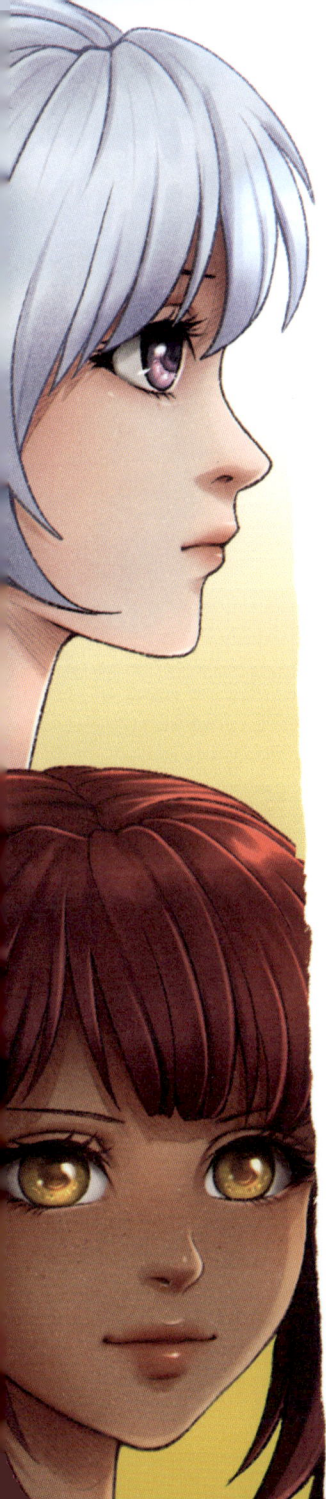

PERFIL DE TRES CUARTOS

1 Un perfil de tres cuartos está a medio camino entre el perfil frontal y el lateral. Comienza con una forma circular: esta vez, las líneas directrices se cruzarán a tres cuartos hacia la derecha.

2 Utiliza las guías para dibujar la mandíbula y la barbilla. Añade el cuello, los ojos, las cejas y las orejas. La parte superior de la oreja debe tocar la línea horizontal superior.

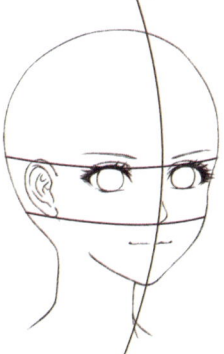

3 Con la ayuda de las guías, dibuja los labios, la nariz y las pestañas. Presta atención a cómo cambian las formas de los rasgos según el ángulo de la cara.

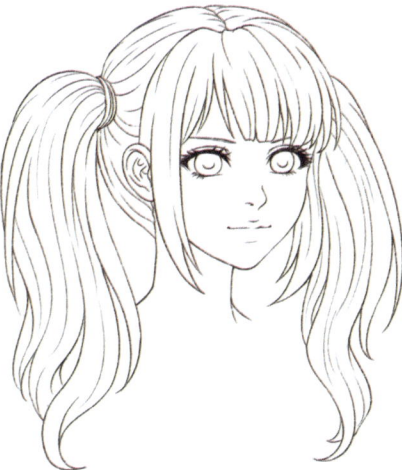

4 Termina los detalles del ojo y añade el pelo. La oreja puede ser visible o estar escondida detrás del pelo, esto depende del peinado que elijas.

LOS OJOS EN EL MANGA

Los ojos grandes y expresivos son una característica clave de los personajes de manga. Aunque suponen un reto, también pueden ser una de las cosas más divertidas de dibujar.

1 Comienza dibujando dos guías curvas y una vertical central. Esto te ayudará a establecer la posición de los ojos.

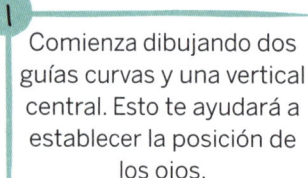

2 Esboza los ojos y los párpados, que tendrás que encajar entre las guías, y recuerda que debes dejar espacio entre los ojos.

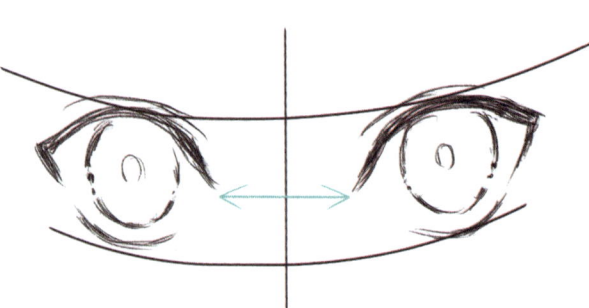

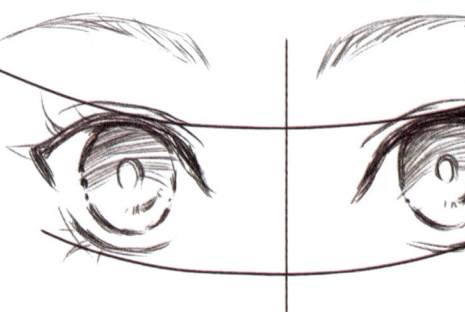

CONSEJO

Añadir sombreado y reflejos ayuda a dar vida a los ojos. Es habitual que los personajes manga tengan al menos dos «reflejos» en los ojos.

3 Añade detalles como las pestañas y las cejas. Incorpora un poco de sombreado en la parte superior del iris.

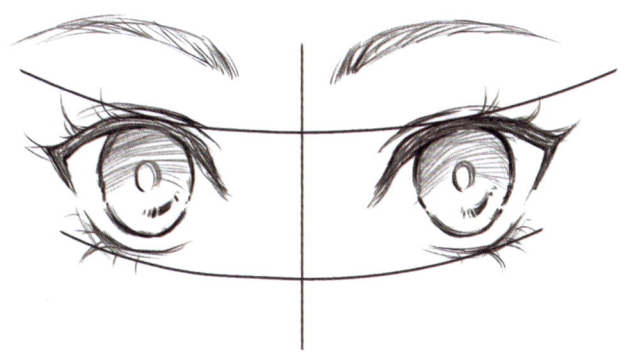

4 Perfecciona las líneas clave alrededor de los párpados, las pestañas y el contorno del iris.

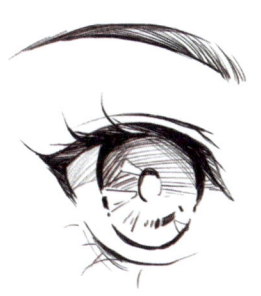
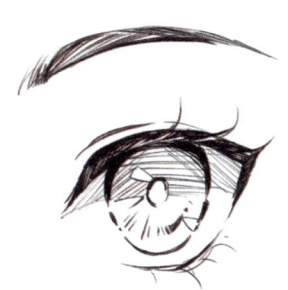

5 Completa el sombreado. Crea la impresión de unos reflejos dejando algunas zonas en blanco en el sombreado del iris.

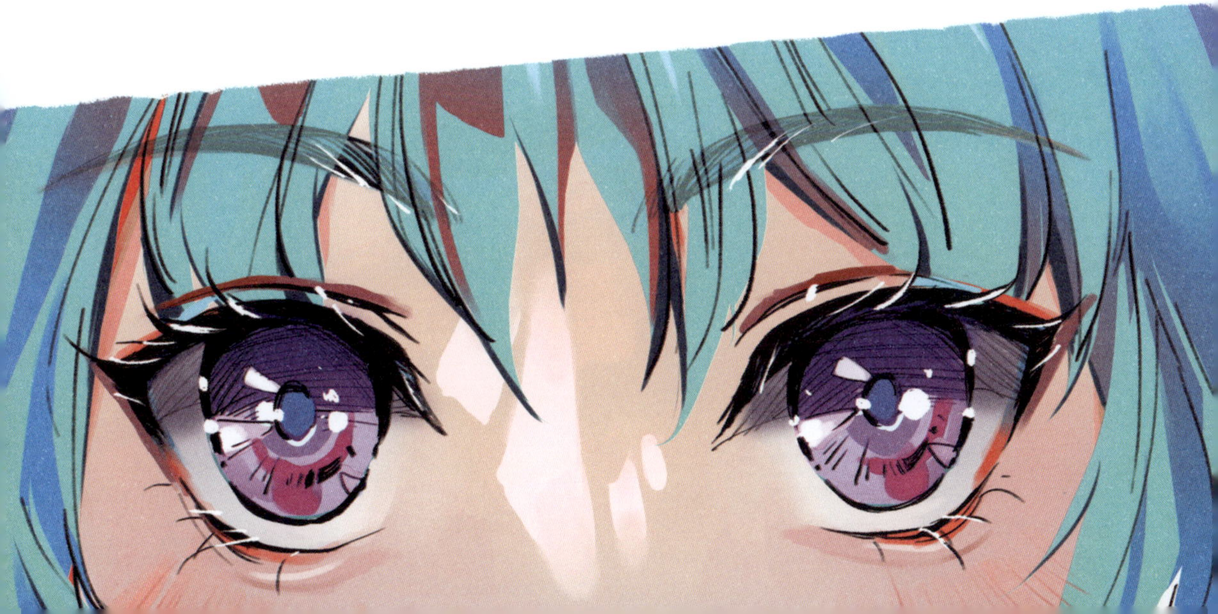

OJOS EXPRESIVOS

Una vez domines las técnicas básicas, lleva tus ojos manga al siguiente nivel. Los ojos pueden ser nuestro rasgo físico más expresivo, ya que revelan una gran variedad de emociones.

SORPRESA

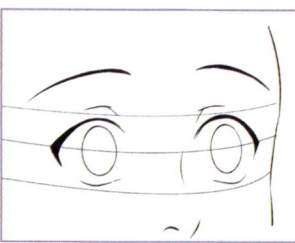 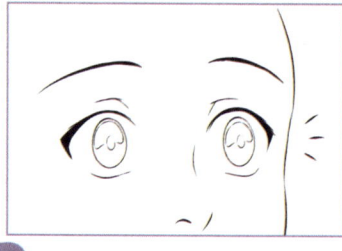 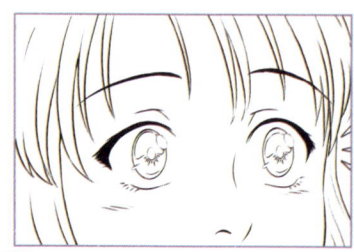

1 Empieza con las guías. Para transmitir sorpresa, dibuja los ojos bien abiertos y arquea las cejas hacia arriba.

2 Deja espacio alrededor de los iris para que el blanco de los ojos sea más visible. Dibuja las pupilas.

3 Añade reflejos para dar vida a los ojos. Limpia las líneas y perfecciona los detalles.

EMOCIÓN

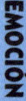 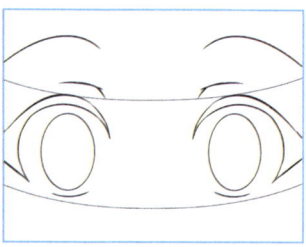 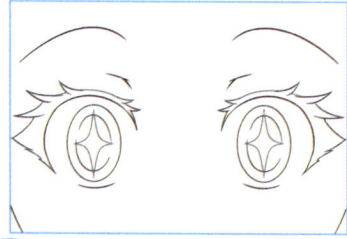 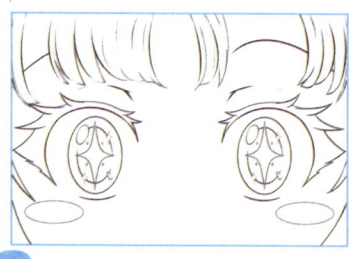

1 De forma similar a los ojos de sorpresa, los ojos emocionados están muy abiertos, con las cejas levantadas.

2 Añade algunos destellos en forma de diamante para transmitir emoción. Esboza las pestañas.

3 Añade más reflejos a los ojos. Los toques de luz en las mejillas revelan un ligero rubor.

DETERMINACIÓN

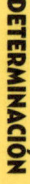 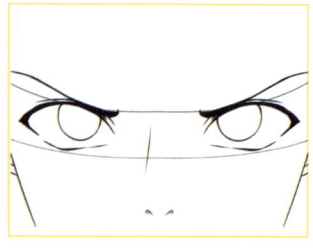 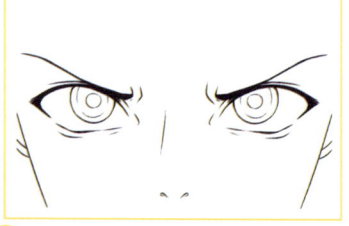 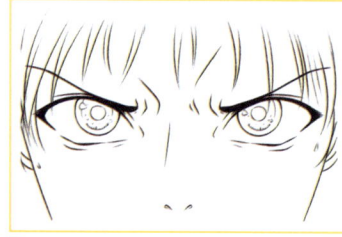

1 Los ojos de un personaje decidido son estrechos, con las cejas bajas y fruncidas.

2 Detalla los iris y haz las pupilas pequeñas. Las arruguitas alrededor de los ojos transmiten concentración.

3 Para terminar, añade más líneas de expresión, sombreado y pequeños reflejos en los ojos.

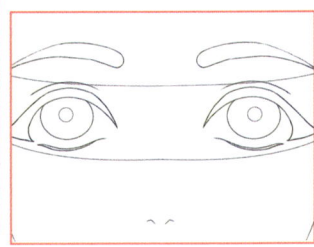

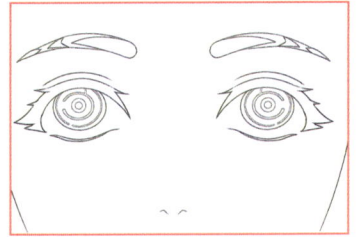

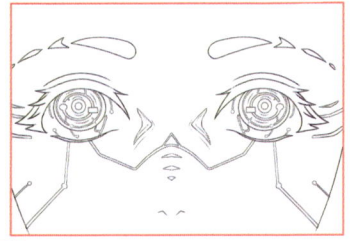

1 Este personaje híbrido tiene rasgos humanos y mecánicos.

2 Añade círculos concéntricos en el iris, las pupilas y las cejas para transmitir atributos robóticos.

3 Otros detalles muestran dónde se juntan diferentes partes mecánicas y sugieren una textura metálica.

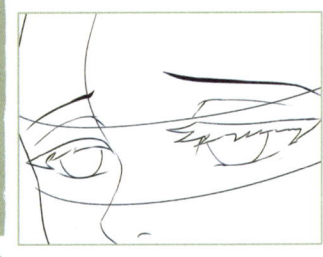

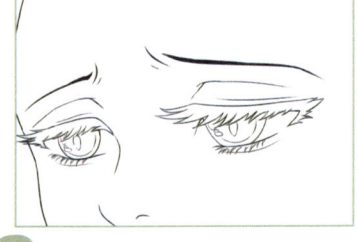

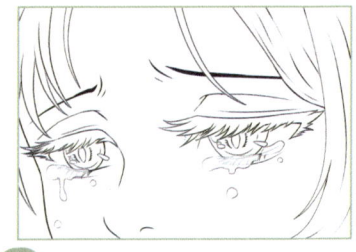

1 Con los ojos bajos, este personaje parece disgustado. Empieza dibujando un perfil de tres cuartos (ver página 11).

2 Añade cejas inclinadas y arqueadas. Unas pestañas pesadas y caídas aumentan el efecto.

3 Dibuja el contorno de las lágrimas que caen sobre las pestañas inferiores. Añade reflejos en las lágrimas para que parezcan tridimensionales.

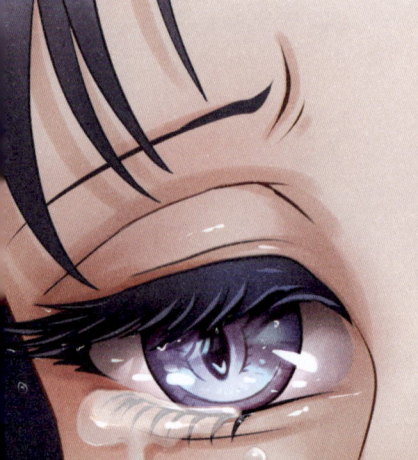

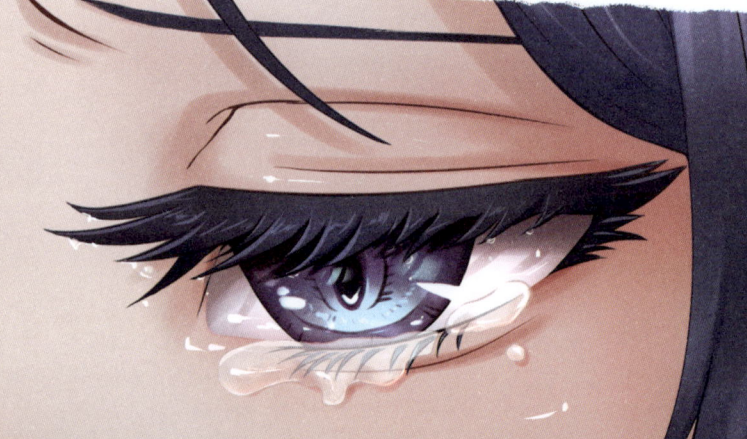

LAS EMOCIONES

Las emociones dan vida a los personajes. Los ojos, las cejas y la boca son la clave para transmitir desde la felicidad hasta la rabia vengativa.

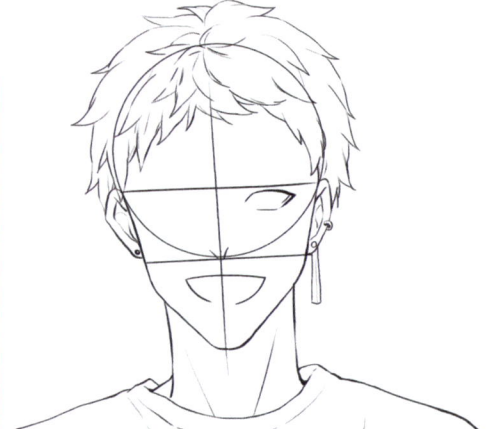

1 Empieza dibujando las guías y crea una cabeza con las técnicas que has practicado hasta ahora.

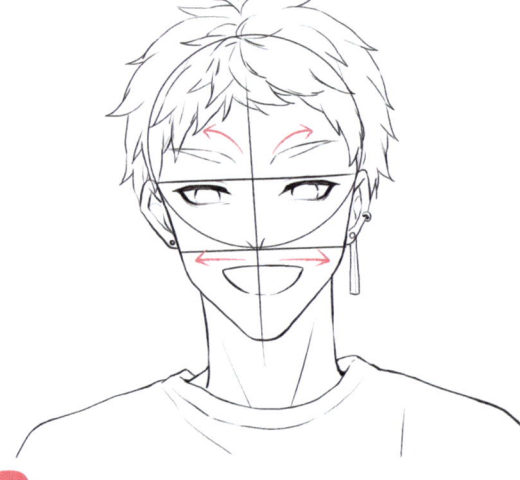

2 Al sonreír, las cejas se arquean por encima de los ojos y la boca se estira hacia fuera.

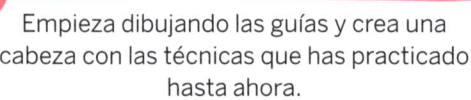

VARIACIONES DE LA BOCA

Sonrisa

Risa

Carcajada

VARIACIONES DE LOS OJOS

Abierto

Entrecerrado

Cerrado

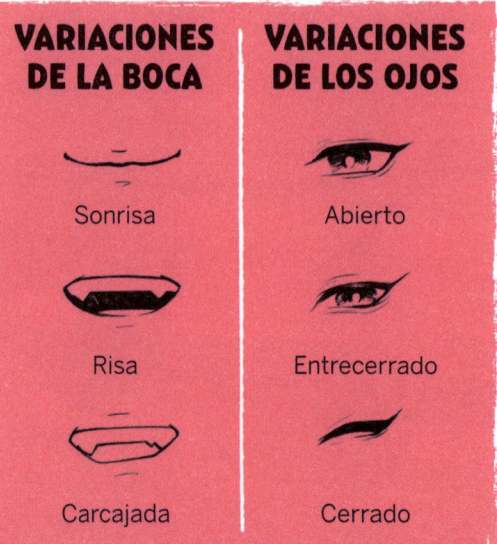

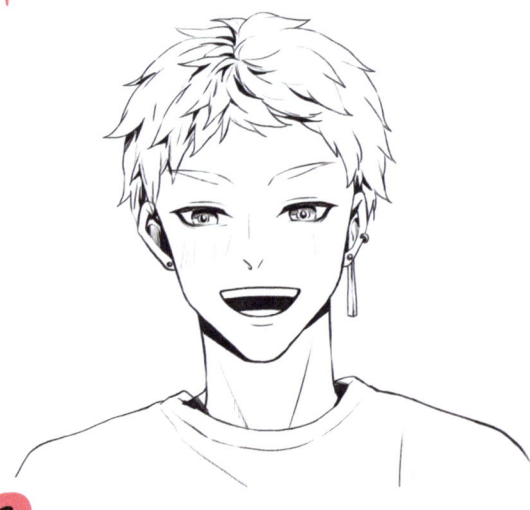

3 Añade sombreado al pelo, las orejas, el cuello y los ojos, y deja algunas zonas en blanco en los iris.

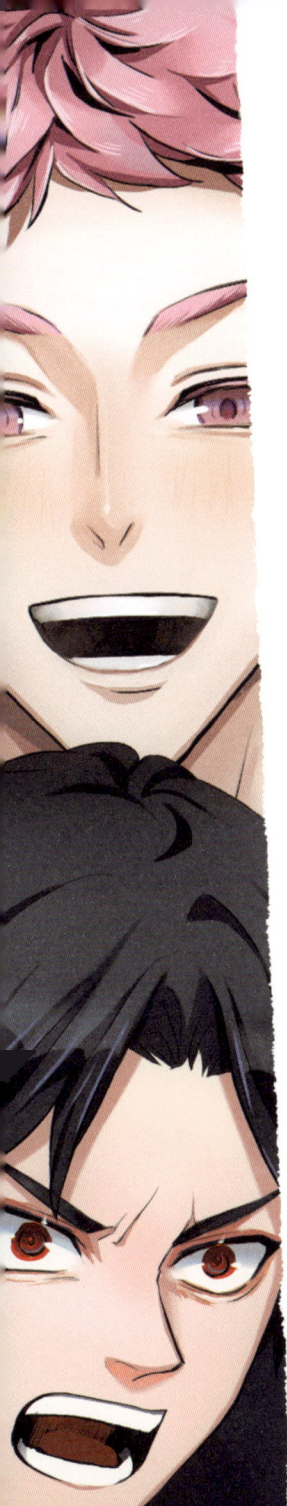

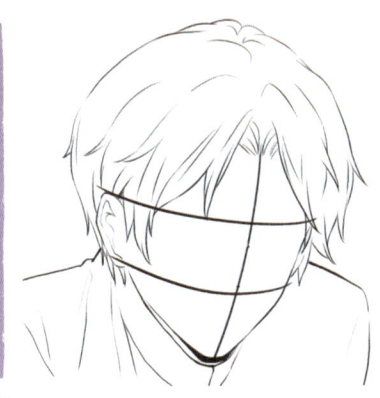

1
Para crear una expresión de enfado, empieza por la cabeza y las guías.

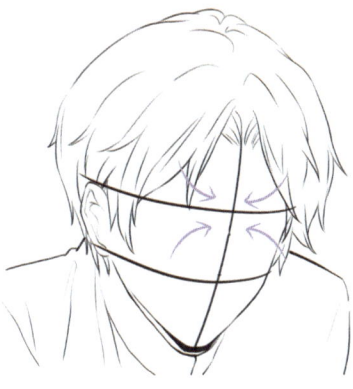

2
En un personaje enfadado, los rasgos faciales parecen apretados.

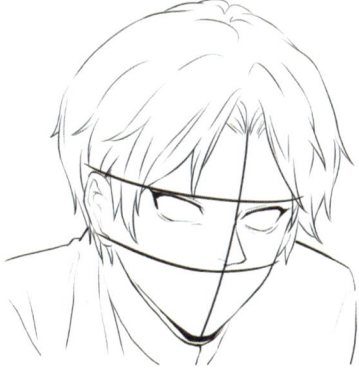

3
Delinea los ojos y la nariz, y ayúdate de las guías para colocarlos en su sitio.

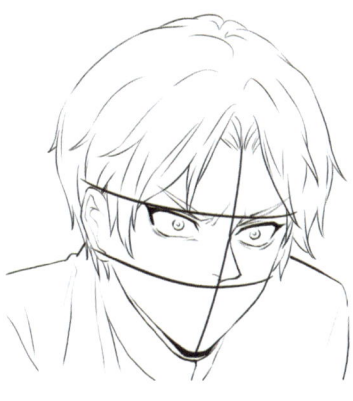

4
Dibuja las cejas en forma de V. Cuando nos enfadamos, las pupilas son más pequeñas, lo que aumenta la intensidad de la mirada.

5
Dibuja la boca abierta y estrecha, con los dientes a la vista.

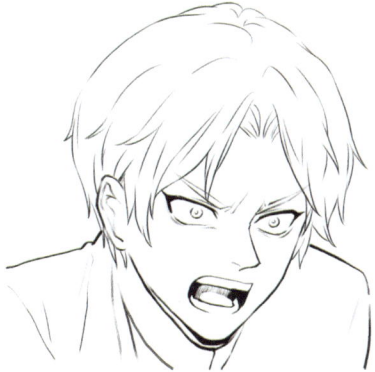

CABELLO NATURAL

Ningún personaje está completo sin su pelo. El peinado contribuye a la personalidad de un personaje. El movimiento del pelo también puede transmitir acción en una ilustración.

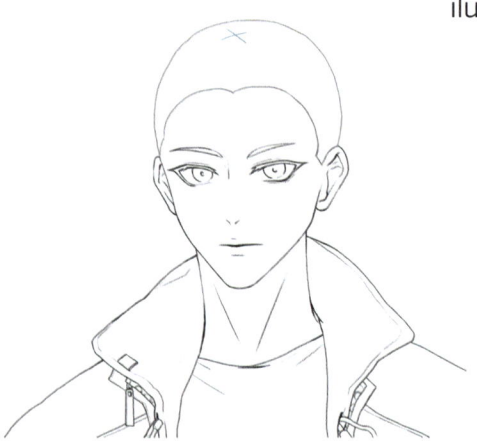

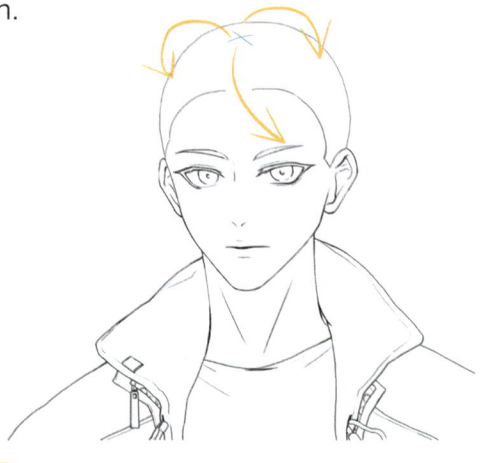

1 Define dónde estará la línea del pelo y marca la coronilla cerca de la parte posterior de la cabeza.

2 Los mechones de pelo deben crecer de la cabeza, nacen en la coronilla.

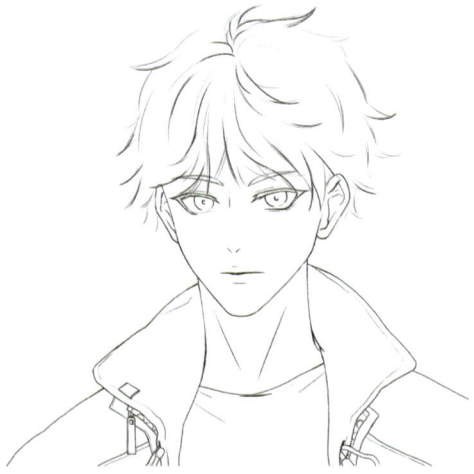

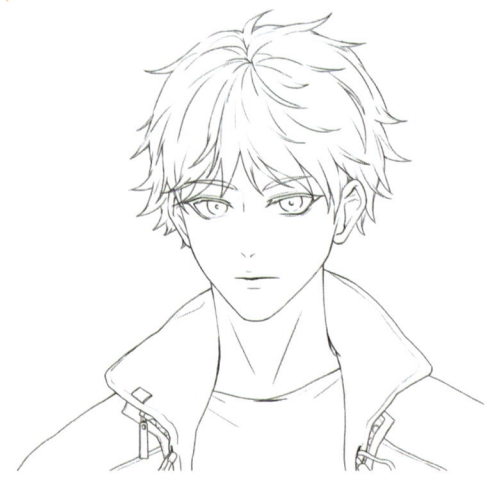

3 Esboza el pelo con cuidado. Juega con el tamaño de los mechones para añadir profundidad.

4 Añade más detalles, tanto en mechones más anchos como en los más finos.

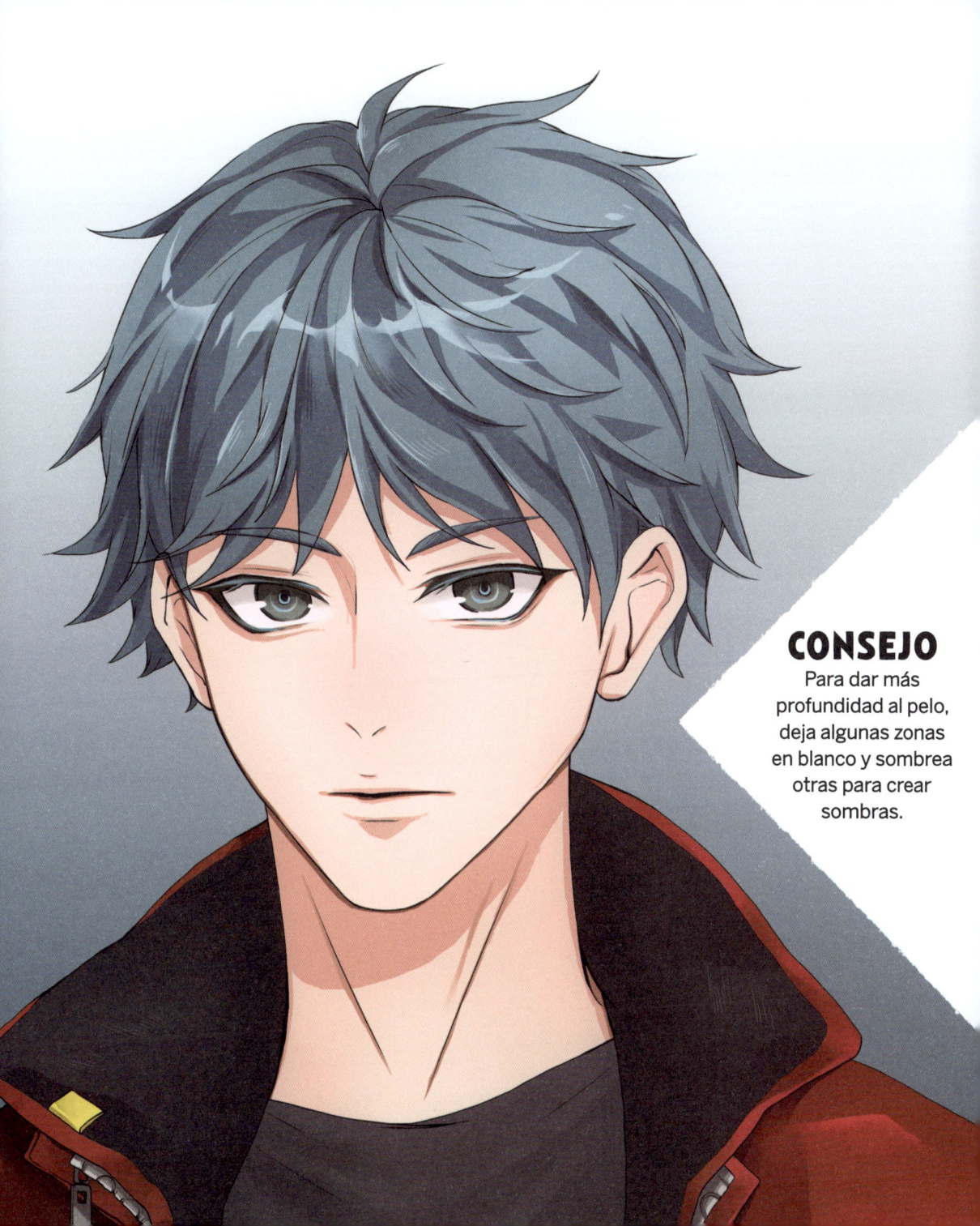

CONSEJO
Para dar más profundidad al pelo, deja algunas zonas en blanco y sombrea otras para crear sombras.

PEINADOS

Aquí puedes ser realmente creativo, hay innumerables peinados entre los que elegir. Con cada peinado debes pensar de qué parte de la cabeza nace el pelo y hacia dónde cae. La textura también es importante: ¿el pelo de tu personaje es liso o rizado?

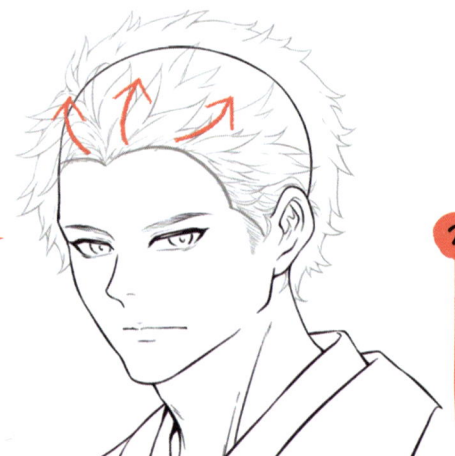

PELO DE PUNTA

1 Empieza por definir el nacimiento del pelo de tu personaje. Desde ahí, dibuja mechones de punta en dirección opuesta a la cara.

2 Ahora añade cabello a lo largo del cuero cabelludo, y dibújalo hacia arriba.

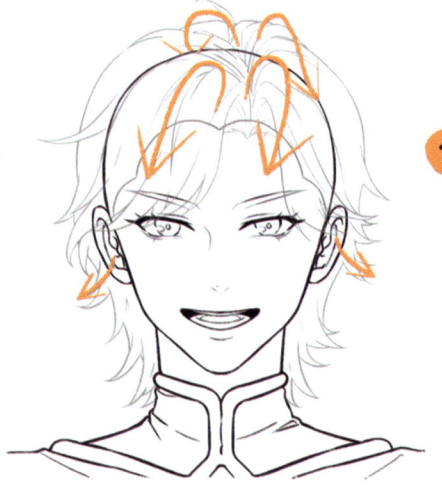

CON RAYA

1 En los peinados con raya, el cabello va desde la línea del nacimiento del pelo hasta la coronilla.

2 La raya del pelo de tu personaje puede ir en el centro o a un lado, como en este ejemplo. Dibuja el pelo saliendo de la raya a ambos lados de la cabeza.

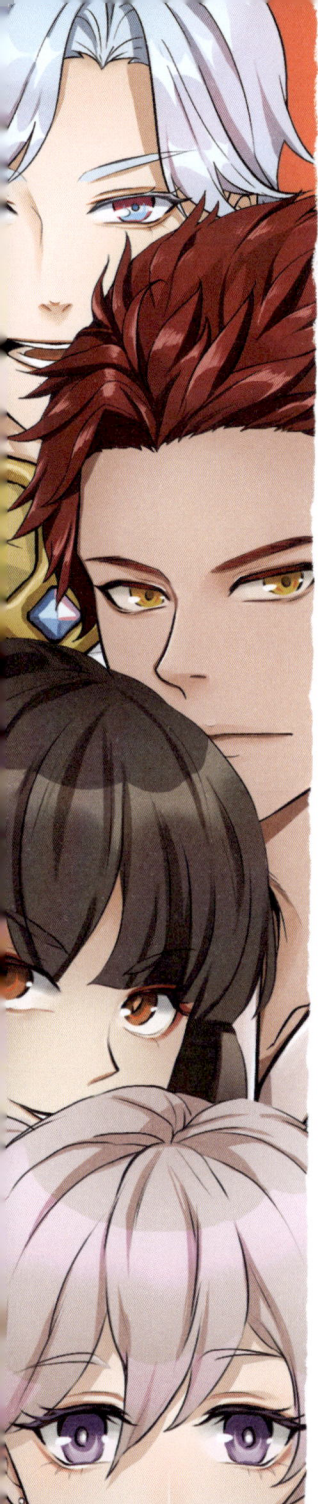

FLEQUILLO Y COLETAS

1

Primero esboza la línea del nacimiento del pelo y la coronilla. El flequillo caerá hacia delante, sobre la cara.

2

En los lados de la cabeza, marca el punto donde se forman las coletas. El pelo se recoge en estos dos puntos y cae por la cabeza en forma de coletas.

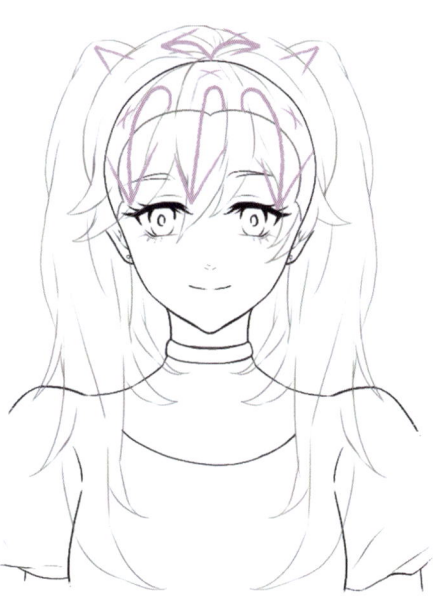

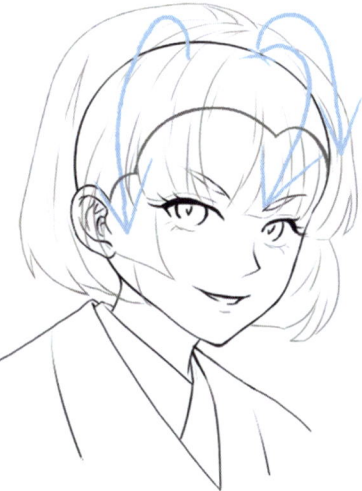

FLEQUILLO Y CORTE BOB

1

Para un peinado corto con flequillo, empieza esbozando el nacimiento del pelo y la coronilla. Marca el punto desde el que caerá el flequillo, ya sea el nacimiento del pelo o más atrás, en la coronilla.

2

Dibuja el flequillo cayendo hacia delante, como en el ejercicio anterior. El resto del pelo caerá desde la coronilla y la raya a ambos lados de la cabeza.

DIBUJAR LAS MANOS

Dibujar manos puede suponer un gran reto, es una de las partes del cuerpo más intimidantes. Si te familiarizas con su estructura, dibujarlas te resultará más fácil.

PALMAS HACIA ABAJO

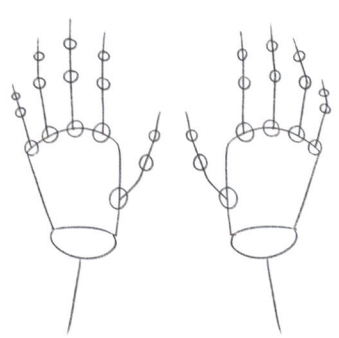 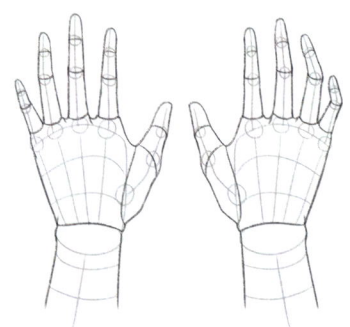 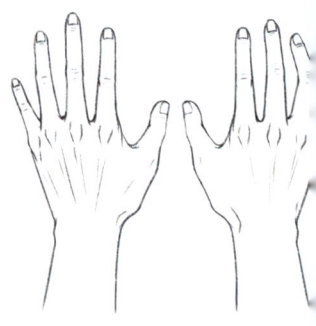

1 Utiliza formas básicas y líneas para crear una mano, una muñeca y los dedos. Traza pequeños círculos que representen las articulaciones y los nudillos.

2 Desarrolla las guías; los dedos solo deben doblarse en las articulaciones. Observa cómo los nudillos (arriba) y las palmas (abajo) crean contornos.

3 Cuando la palma esté hacia abajo (arriba), dibuja los tendones convergiendo en la muñeca. Cuando la mano está hacia arriba (abajo), incluye las líneas de la mano.

PALMAS HACIA ARRIBA

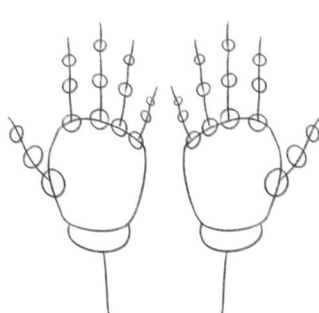 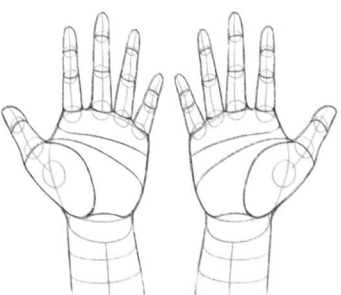 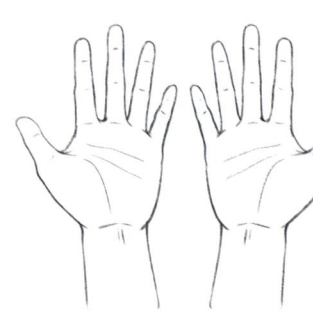

Sigue el ejercicio en tres pasos de la página 22 para probar distintos gestos con las manos.

Los dedos se doblan con fuerza en los nudillos.

La piel está tensa sobre los huesos de los nudillos.

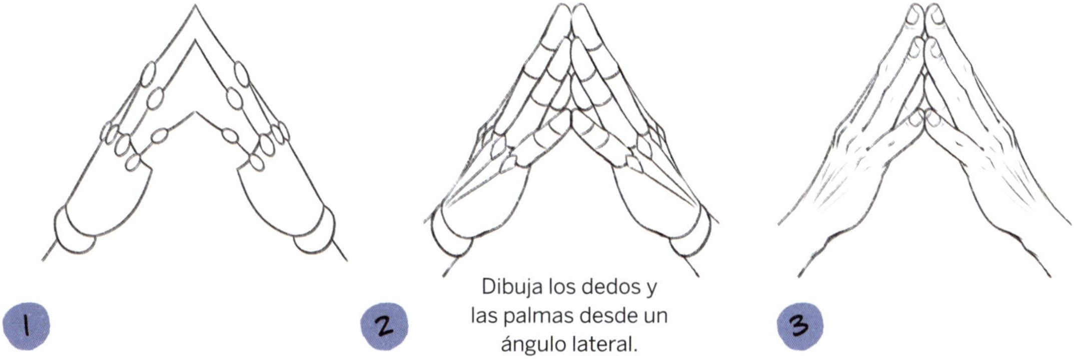

1

2

3

Dibuja los dedos y las palmas desde un ángulo lateral.

1

2

3

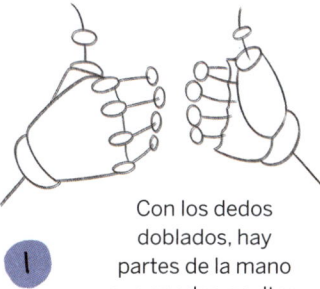

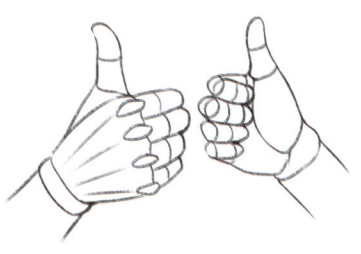

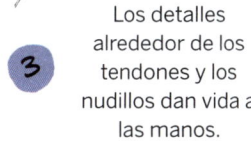

Con los dedos doblados, hay partes de la mano que quedan ocultas.

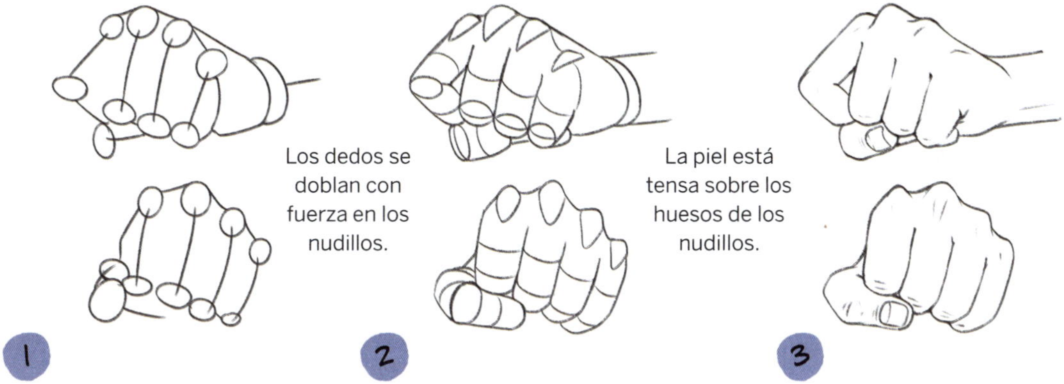

Los detalles alrededor de los tendones y los nudillos dan vida a las manos.

1

2

3

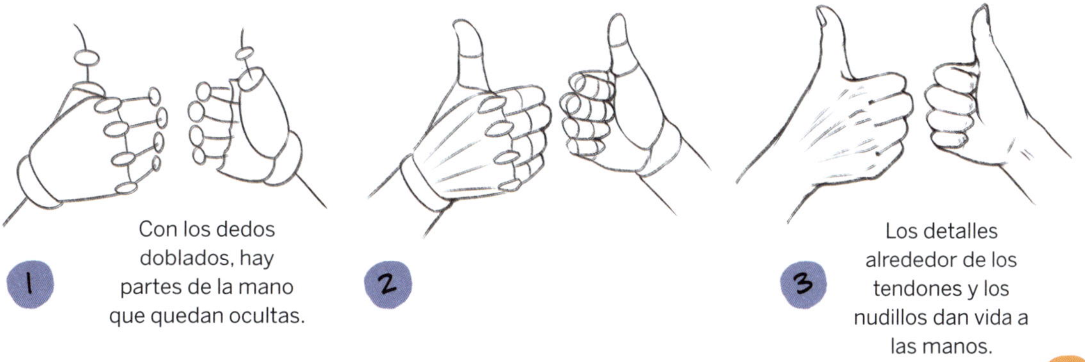

POSTURA ERGUIDA

Aprende esta técnica para asegurarte de que tus personajes tengan un cuerpo proporcionado. En manga, esto se llama "toushin" y se refiere a la ratio (proporción) entre la cabeza y el cuerpo.

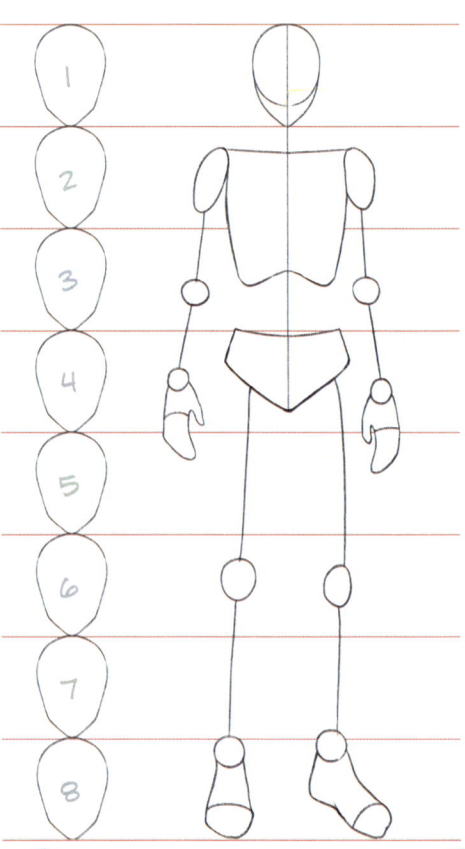

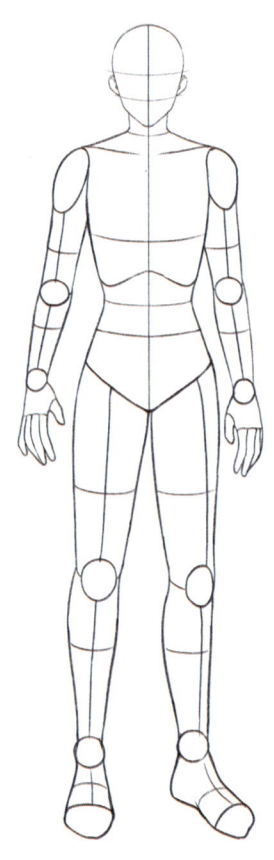

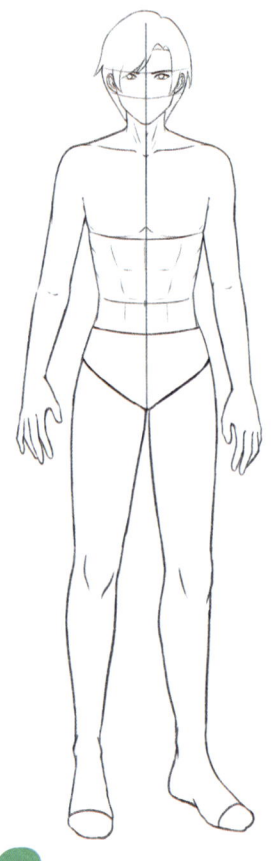

1 Esboza la cabeza y utilízala como guía para definir la altura de tu personaje: la altura media son ocho cabezas. Crea la estructura del cuerpo, formado por las articulaciones y los huesos, con las proporciones que mostramos aquí.

2 Desarrolla el marco que has creado. No te preocupes ahora por los detalles, presta atención a las proporciones.

3 A continuación, añade detalles al cuerpo. Esboz los músculos del pecho a altura equivalente a unas cabezas y el ombligo, a unas tres.

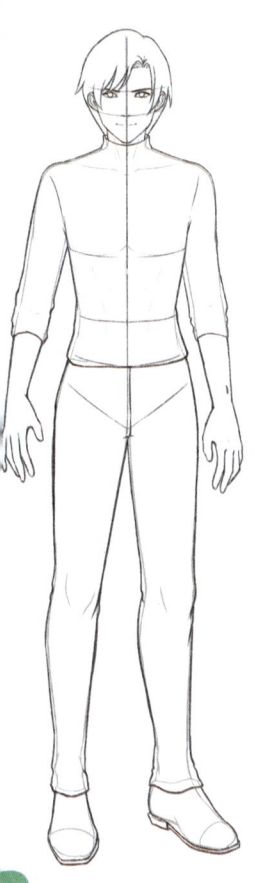

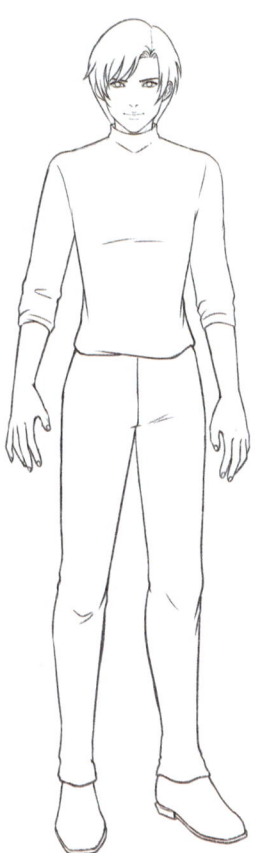

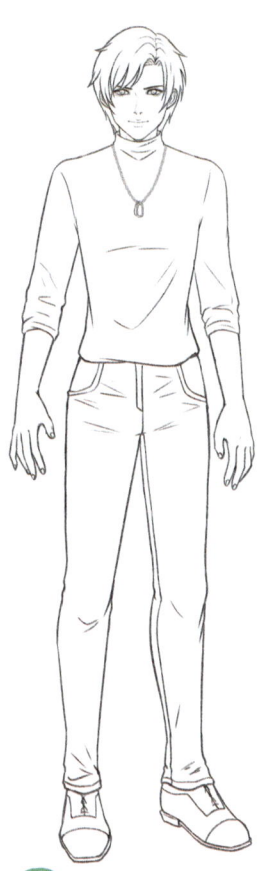

4 Completa los rasgos faciales y el pelo. Esboza la ropa sobre el cuerpo.

5 Añade pliegues en los puntos donde las prendas se arrugan, por ejemplo en los codos y las rodillas.

6 Completa tu personaje añadiendo accesorios y cualquier detalle adicional.

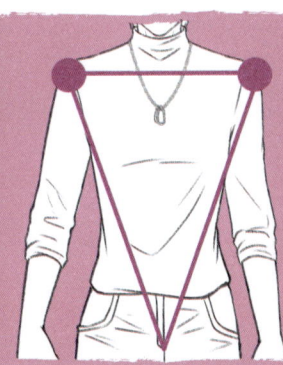

DETALLES ADICIONALES

En general, los personajes masculinos tienen los hombros más anchos que las caderas: puedes usar un triángulo para comprobar las proporciones.

Los hombros y las caderas de los personajes femeninos tienen más o menos la misma anchura: comprueba las proporciones con dos triángulos.

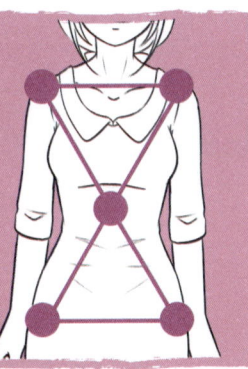

POSTURA RELAJADA DE PIE

Ningún personaje manga puede estar en postura de acción todo el tiempo. Aprende las claves para que tu personaje tenga una pose relajada e informal en situaciones más tranquilas.

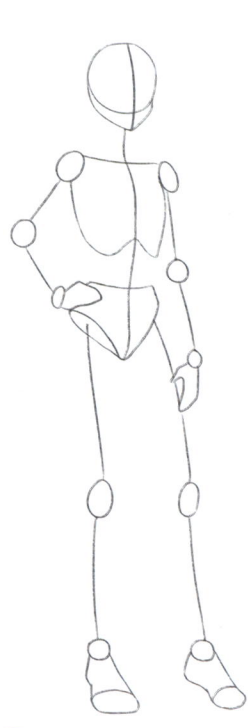

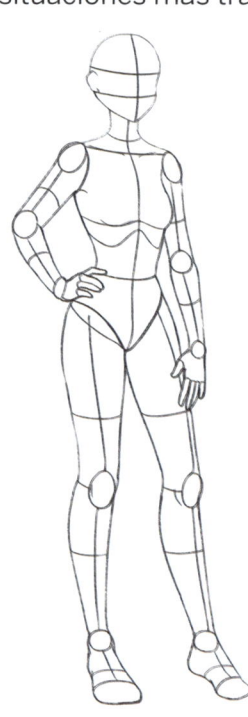

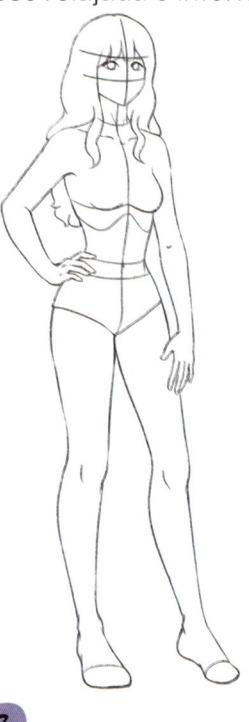

1 Esboza la cabeza y úsala como guía para trazar la silueta del cuerpo. Crea una estructura esquelética donde destaquen las articulaciones (rodillas, codos y hombros).

2 Desarrolla la estructura. El peso del cuerpo recae sobre la pierna que ves a la izquierda; por ello, la línea central del cuerpo desciende a través de esta pierna.

3 Añade detalles corporales al torso, la cintura y las rodillas. Dibuja los dedos y el contorno del pelo y los ojos.

DETALLE EXTRA

Los dedos y las manos pueden ser complicados de dibujar. Empieza con formas sencillas y luego añade dedos, nudillos y uñas (ver páginas 22-23).

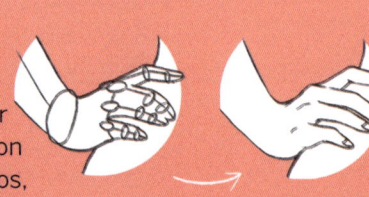

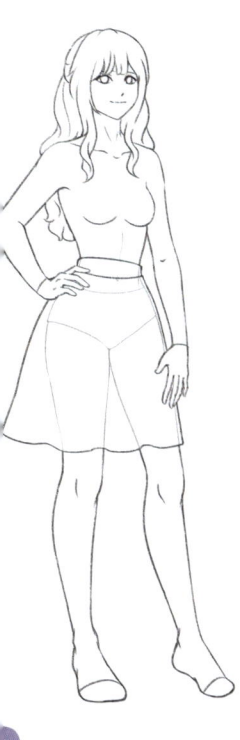

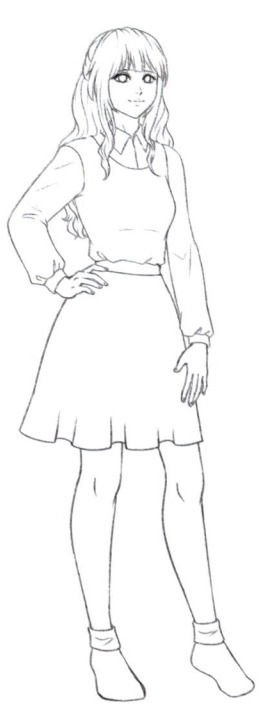

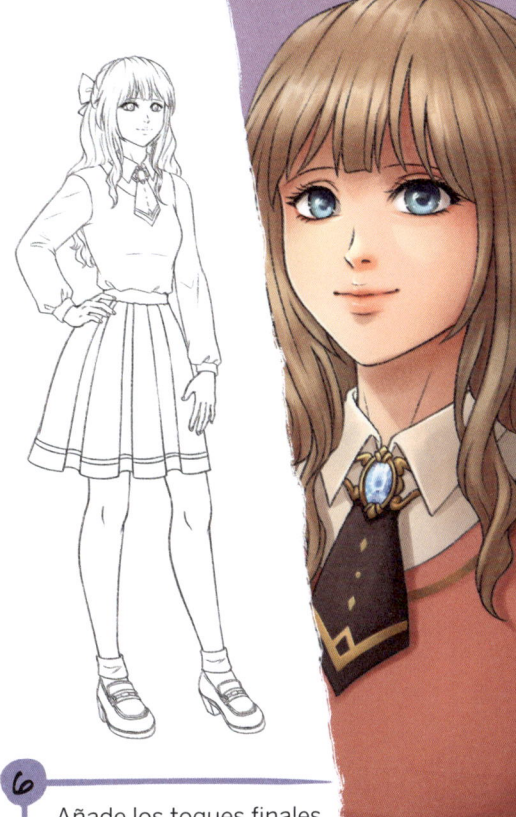

Ahora desarrolla la falda, el pelo y los rasgos faciales, y haz coincidir el ángulo de la cara (ver página 11).

5
Diseña la ropa que llevará tu personaje. Presta atención a los puntos donde se pliega debido a la forma del cuerpo.

6
Añade los toques finales, como reflejos en los ojos, un lazo en el cuello, un moño y detalles en la ropa y los zapatos.

DETALLE EXTRA

El arco del pie cambiará en función de la altura del tacón. Un tacón más alto requiere de un arco más elevado. Cuidado: un arco completamente plano no resulta natural.

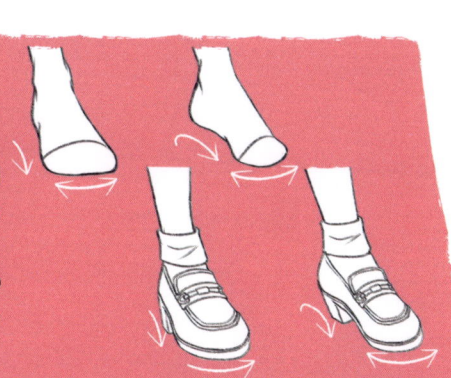

POSES DE ACCIÓN

Esta pose de aterrizaje en tres puntos se caracteriza por un personaje que cae desde lo alto y lo hace con los pies separados y el cuerpo apoyado en un brazo.

ATERRIZAJE EN TRES PUNTOS

1
Comienza con la estructura esquelética. Fíjate en que la pierna trasera y el brazo están inclinados hacia atrás y, por tanto, escorzados (parecen más cortos).

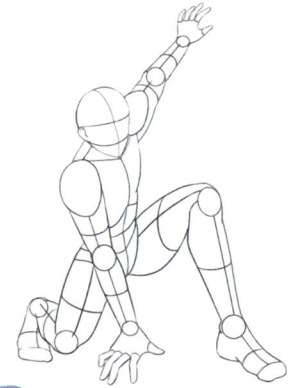

2
Desarrolla el personaje y su constitución. El peso de la figura recae sobre los pies y la mano delantera, que crea equilibrio.

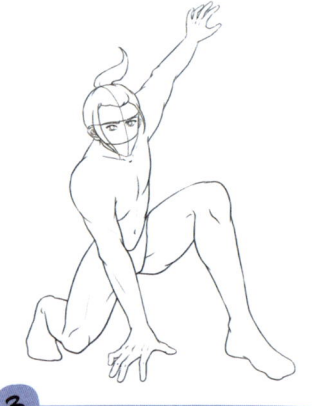

3
Empieza a añadir detalles como músculos y rasgos faciales. Dibuja el pelo hacia arriba para crear el efecto de que acaba de aterrizar.

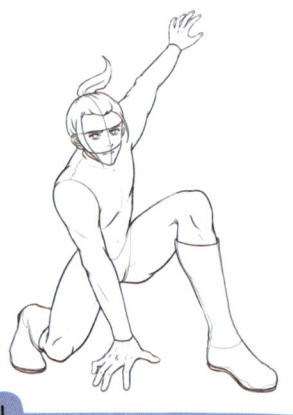

4
Completa la cara y esboza la ropa. Puede que el personaje necesite unas botas pesadas para este tipo de aterrizaje.

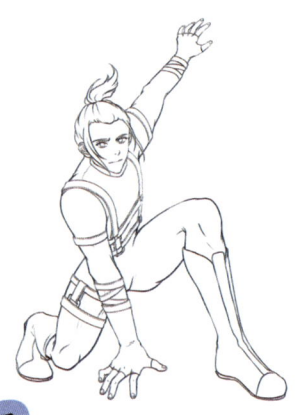

5
Añade detalles adicionales, como arneses, hebillas y guantes para dar estilo a tu personaje.

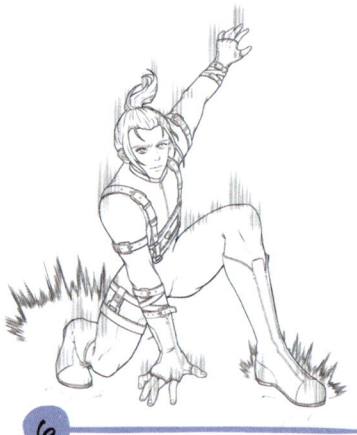

6
Perfecciona los detalles faciales y el pelo. Añade un desenfoque de movimiento (trazos nítidos que apuntan hacia arriba) para conseguir un mayor dramatismo (ver pág. 59)

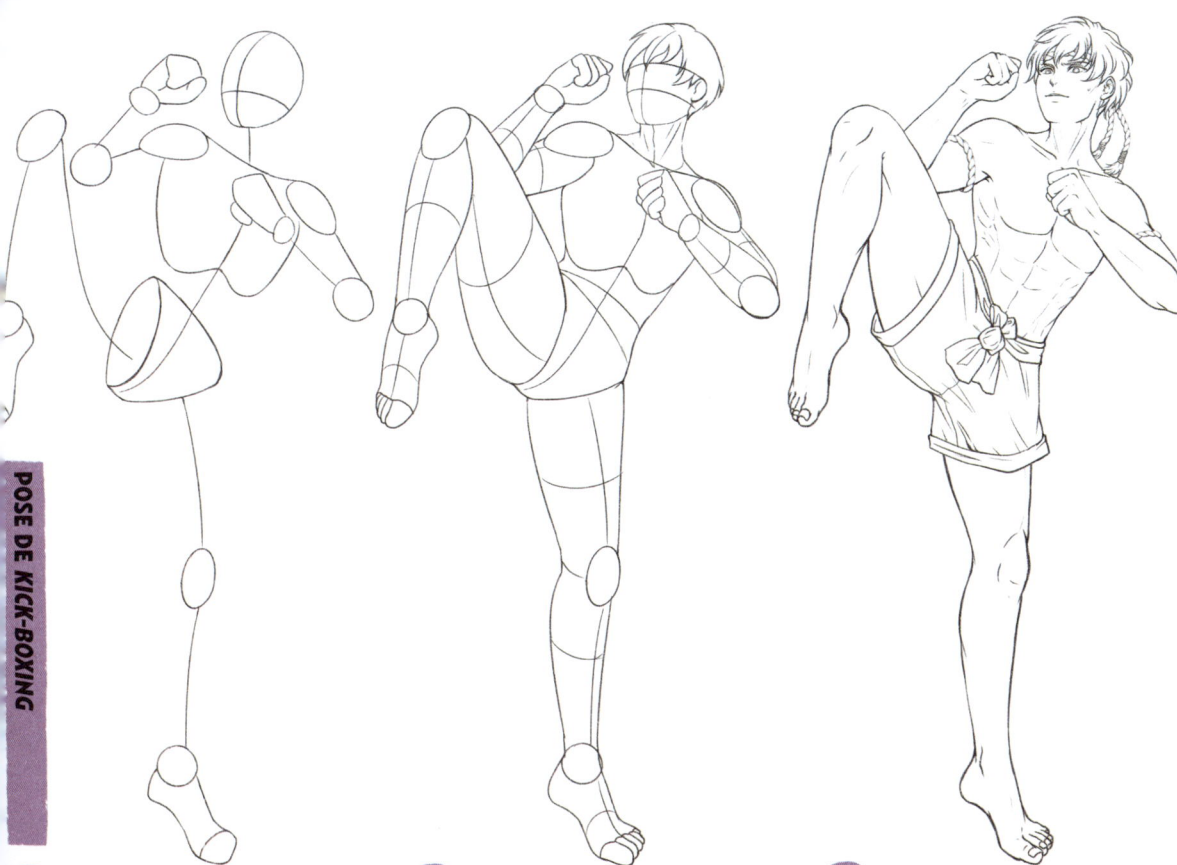

1 Para una postura dinámica de *kick-boxing,* empieza esbozando la estructura básica del esqueleto. Presta atención a los ángulos extremos de las articulaciones.

2 Esboza las guías y rellena el cuerpo. El peso recae sobre una pierna y los brazos se levantan para mantener el equilibrio y la disposición.

3 Añade los músculos, la ropa, el pelo y los rasgos faciales para completar tu personaje.

A LA FUGA

En la postura de alguien corriendo pasan muchas cosas, desde el escorzo de las extremidades y la torsión del cuerpo cuando los músculos se tensan hasta la creación de una sensación de equilibrio mientras se está en movimiento.

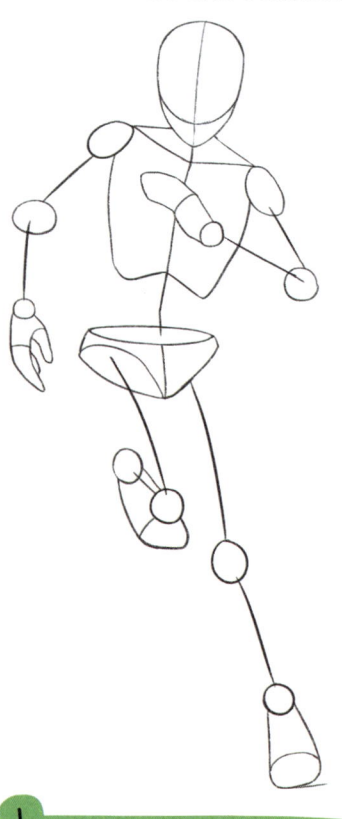

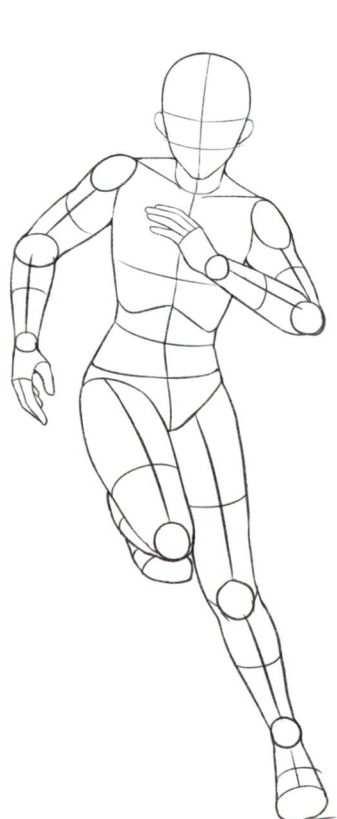

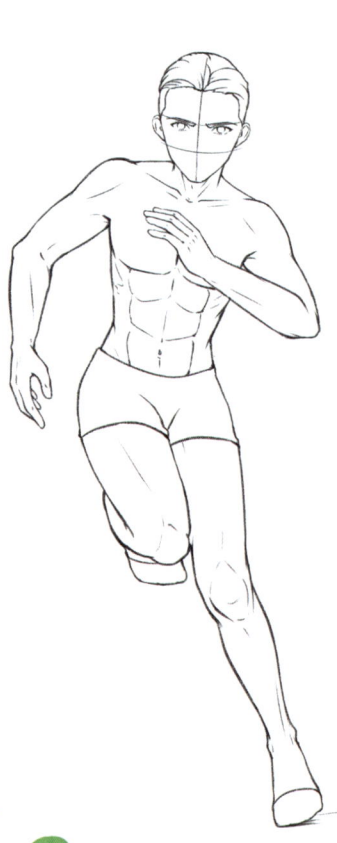

1 Empieza esbozando el esqueleto, y presta atención a las articulaciones.

2 Cuando dibujes la forma, trabaja la pierna que esté delante. Esta pierna suele parecer un poco más grande.

3 Delinea el pelo y los ojos, y usa las guías para esbozar los músculos. Comprender la forma del cuerpo te ayudará a la hora de dibujar la ropa.

CONSEJO
Cuando la pierna derecha se mueve hacia delante, también lo hace el brazo izquierdo, y viceversa.

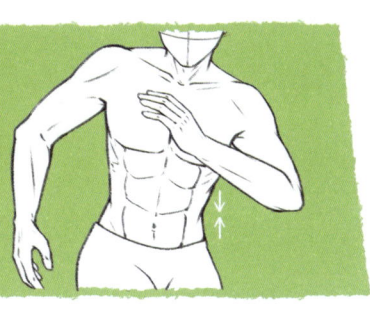

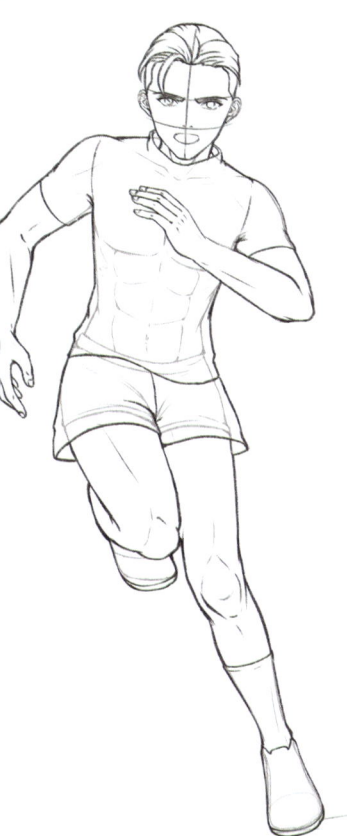

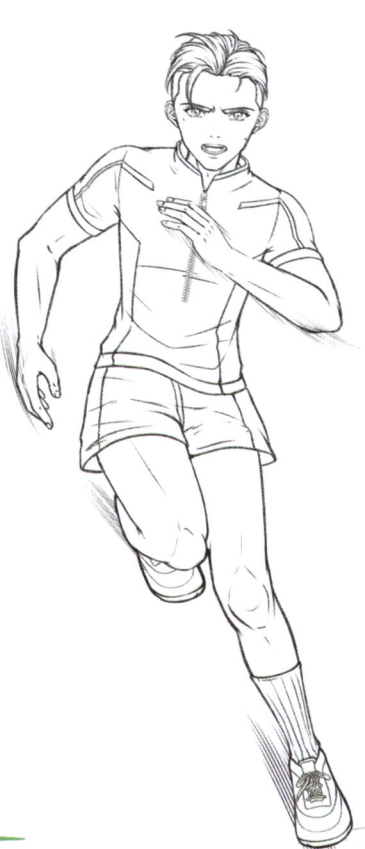

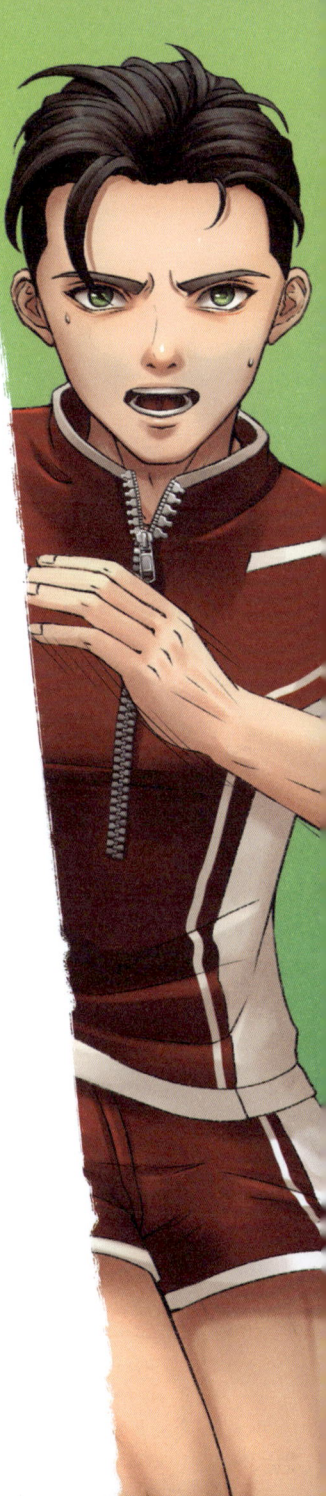

4 Desarrolla los rasgos faciales y el cabello. Esboza la ropa y los zapatos, y presta atención a los puntos donde caerán los pliegues.

5 Completa los últimos detalles. Unas gotas de sudor, por ejemplo, añaden un toque dramático. Incluye un desenfoque de movimiento en las extremidades para transmitir movimiento.

POSTURA DE SALTO EN ACCIÓN

A continuación, crea un divertido personaje saltarín haciendo el símbolo de la victoria. Para transmitir emoción, intenta dibujarle los ojos muy abiertos y las cejas arqueadas, y añade un peinado alegre.

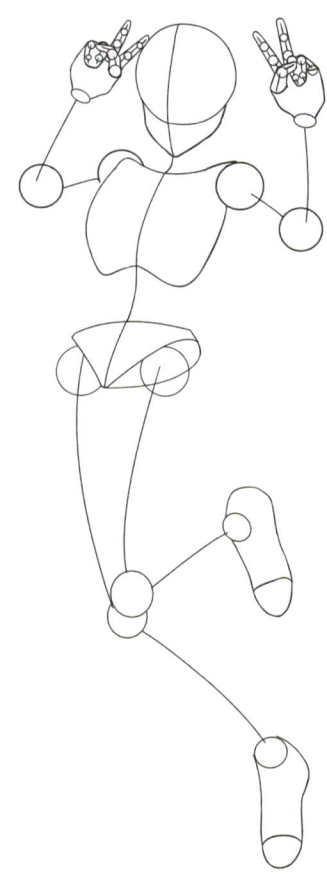 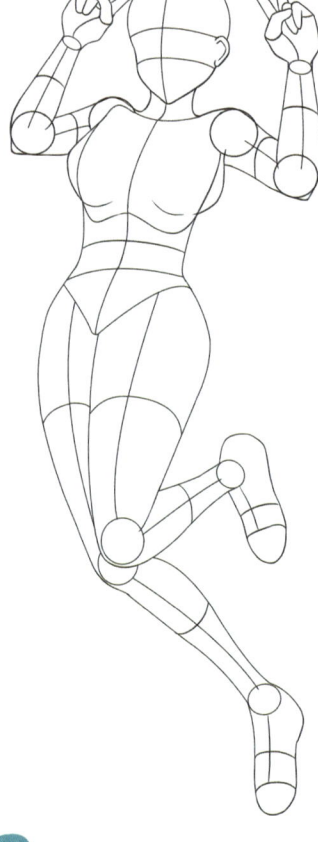 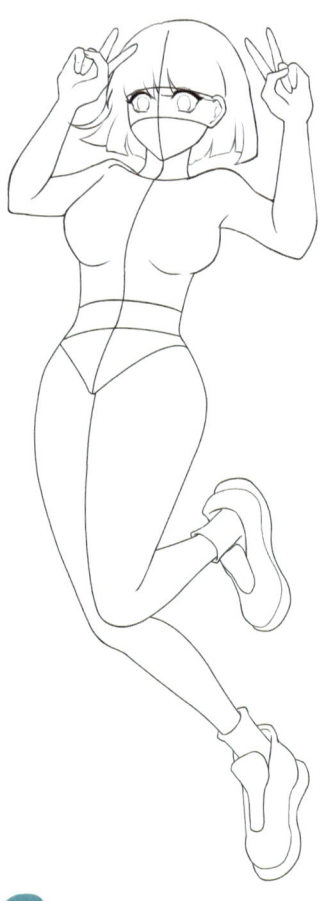

1 Empieza esbozando la estructura esquelética y las articulaciones, con los brazos flexionados y las manos junto a la cara. Cuando el personaje salta, ambos pies se elevan del suelo.

2 Las guías curvas determinan la forma tridimensional del cuerpo. Las líneas faciales se curvan hacia abajo debido a que la cabeza está inclinada hacia arriba.

3 Dibuja unos ojos expresivos, un peinado divertido y perfila los zapatos. El pelo se mueve hacia arriba para sugerir movimiento.

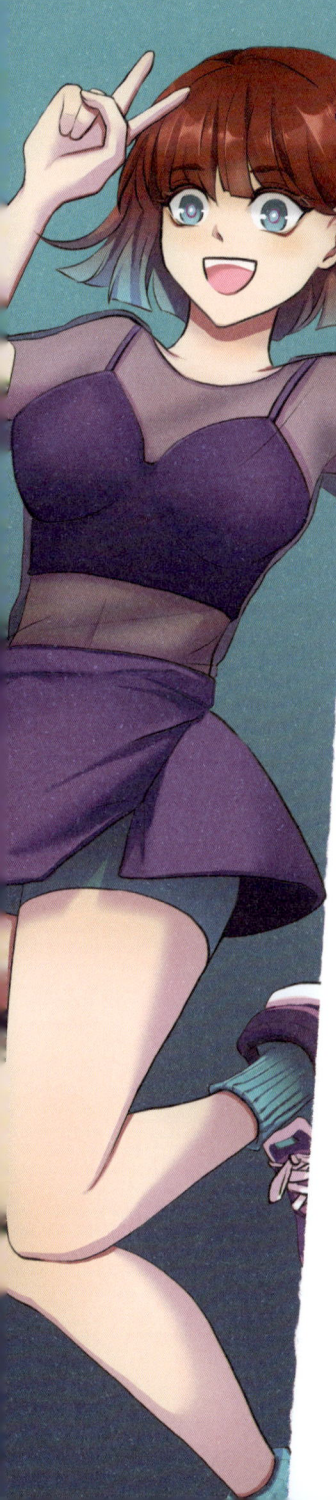

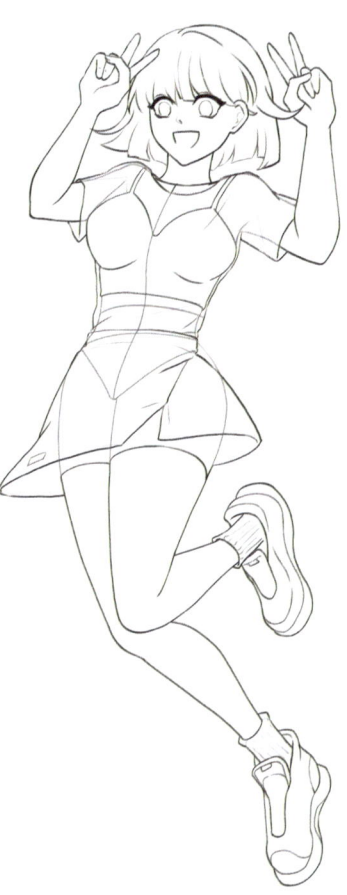

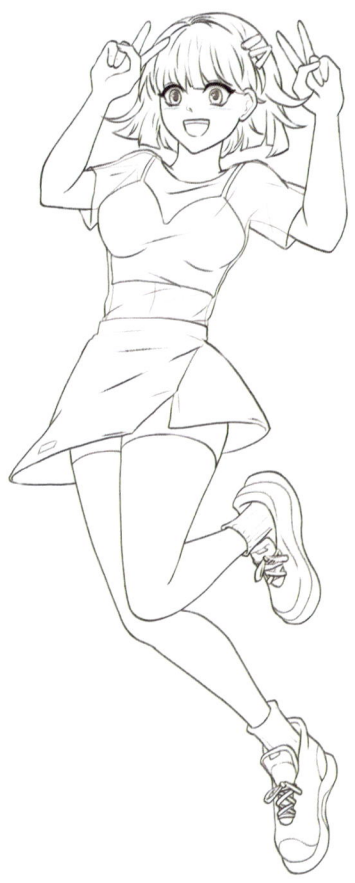

4 Delinea la ropa y presta atención a la forma en que la ropa se ensancha y se arruga al saltar. Desarrolla los rasgos faciales.

5 Completa tu personaje con unos toques finales en la cara, el pelo, la ropa y el calzado.

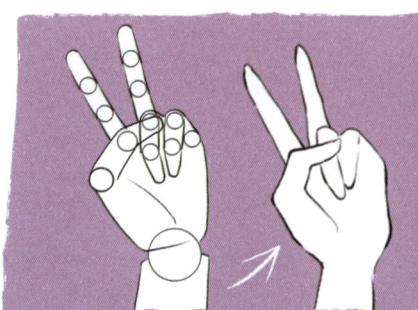

DETALLE EXTRA

Para dibujar el símbolo de la victoria, fíjate bien en la distancia entre las articulaciones. Los dedos solo se doblan en los puntos donde hay articulaciones.

CARGA DIRECTA

Este personaje lleno de energía va directo a la acción. Para añadirle un poco de dramatismo, dale una expresión concentrada y decidida.

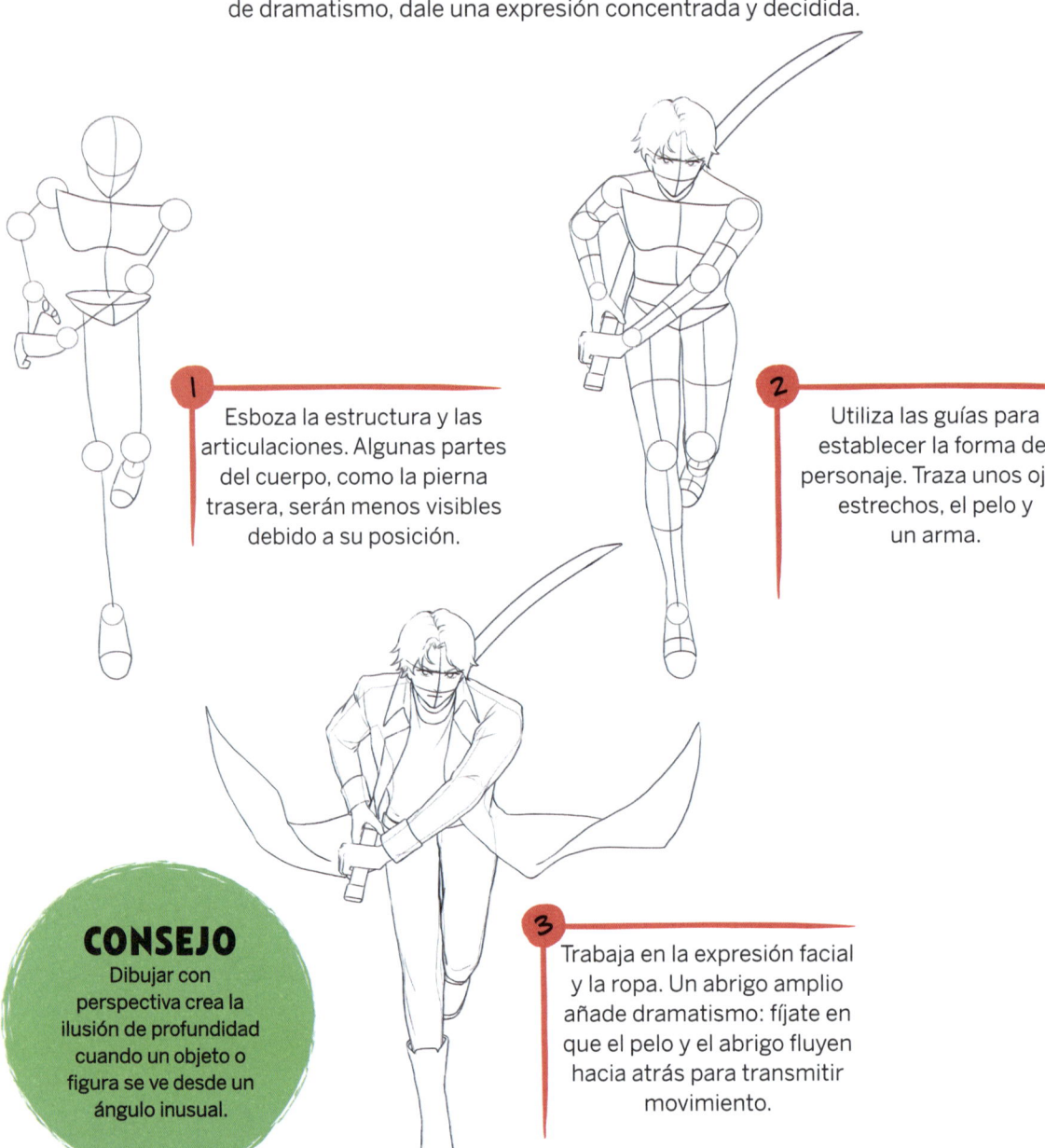

1 Esboza la estructura y las articulaciones. Algunas partes del cuerpo, como la pierna trasera, serán menos visibles debido a su posición.

2 Utiliza las guías para establecer la forma del personaje. Traza unos ojos estrechos, el pelo y un arma.

3 Trabaja en la expresión facial y la ropa. Un abrigo amplio añade dramatismo: fíjate en que el pelo y el abrigo fluyen hacia atrás para transmitir movimiento.

CONSEJO
Dibujar con perspectiva crea la ilusión de profundidad cuando un objeto o figura se ve desde un ángulo inusual.

4

Añade los últimos detalles a la ropa, el arma y los zapatos, y un poco de textura en el pelo, para completar tu personaje.

DETALLE EXTRA

Para una expresión que transmita determinación, dibuja a tu personaje con el ceño fruncido y una fina línea en la boca con las comisuras hacia abajo.

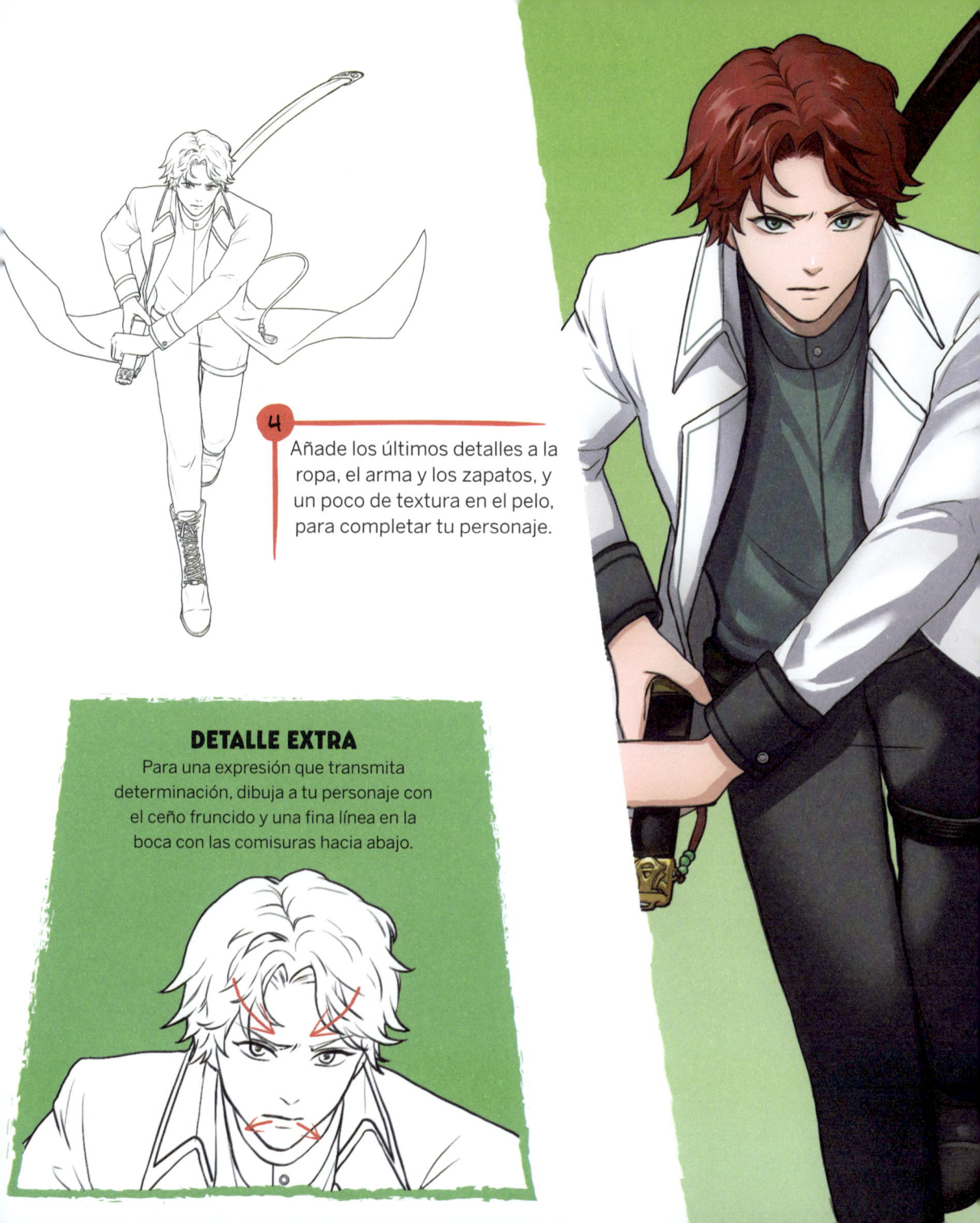

ESTILO CHIBI

Los personajes chibi miden entre una y tres cabezas, menos de la mitad que los personajes normales de manga. Con unos rasgos faciales muy marcados y de gran tamaño, se prestan perfectamente a ser personajes más adorables.

Una figura adulta típica mide unas ocho cabezas. Un niño mide unas seis cabezas. Los personajes chibi son desproporcionadamente más pequeños, de una a tres cabezas.

CONSEJO
Los personajes chibi tienden a tener menos rasgos, pero más exagerados.

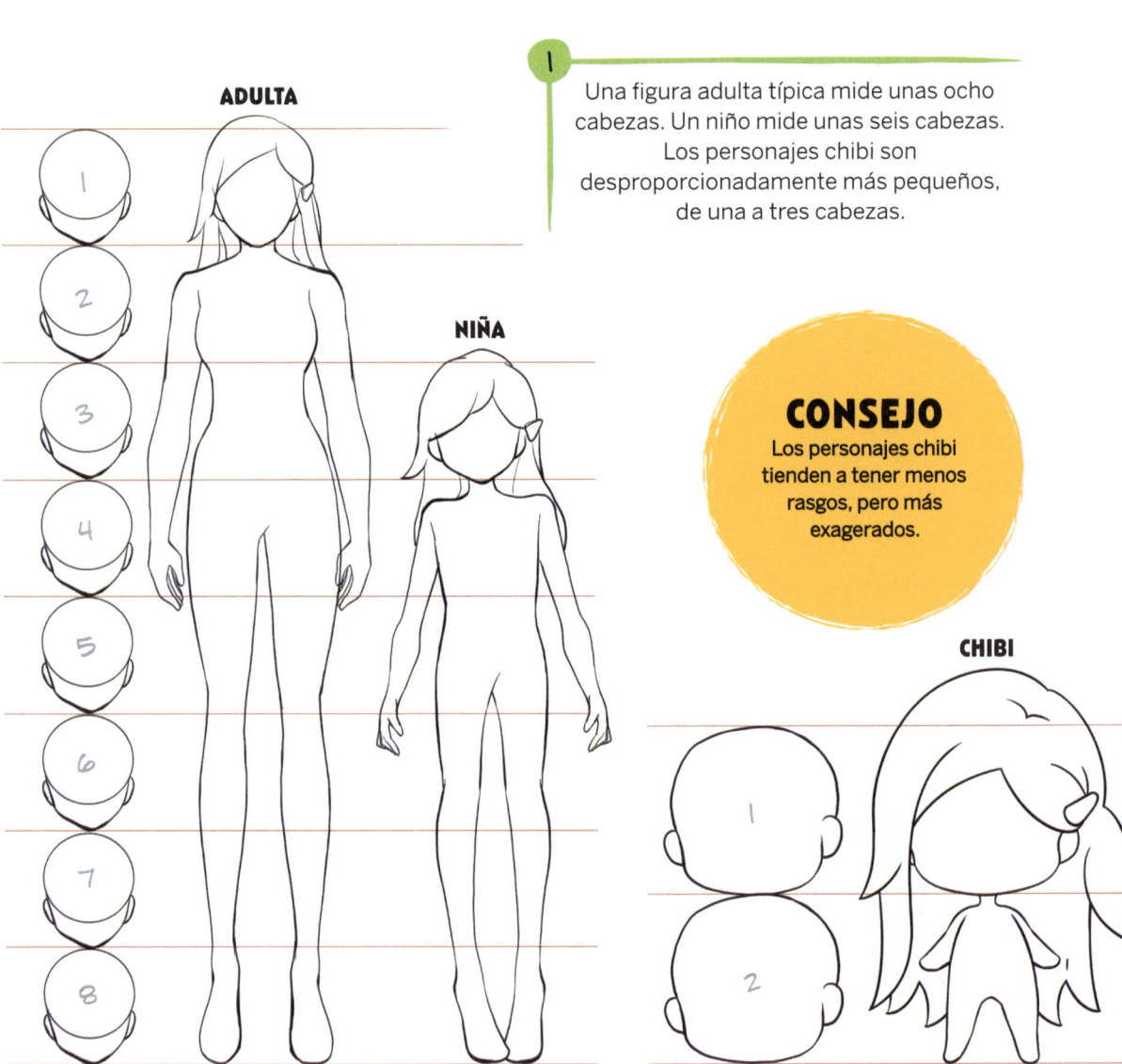

ADULTA

NIÑA

CHIBI

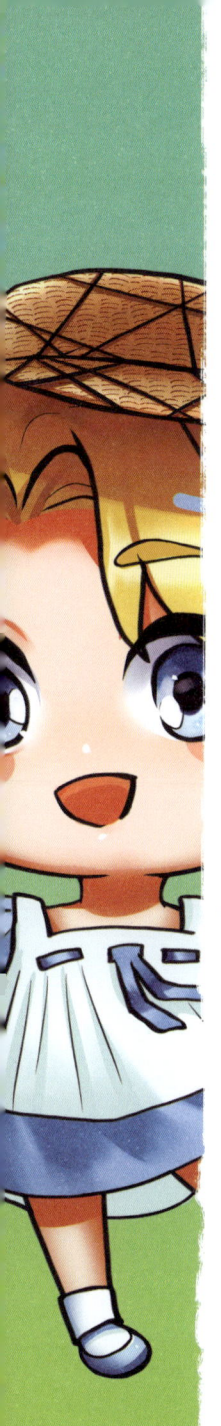

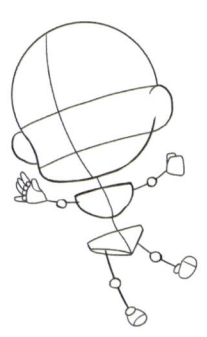

1

Esboza la estructura en miniatura. La cabeza tiene más o menos el tamaño del resto del cuerpo.

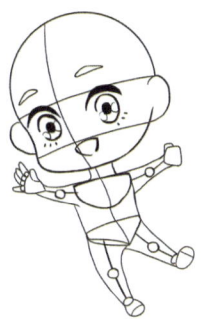

2

Añade elementos a tu personaje para darle cuerpo. Esboza la cara con ojos grandes y exagerados.

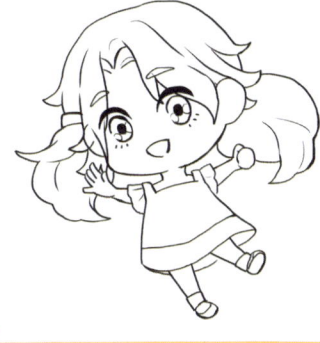

3

Dibuja el peinado y la ropa. Los moños y el pichi de este personaje le dan un aspecto joven y adorable.

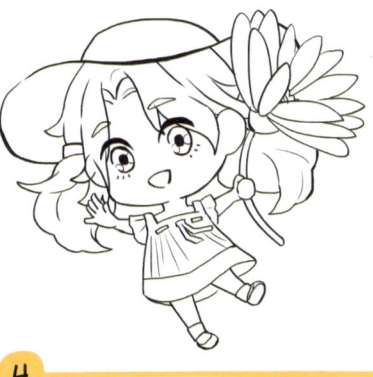

4

Añade detalles y accesorios. Un sombrero de paja flexible y una flor grande ayudan a mostrar su personalidad.

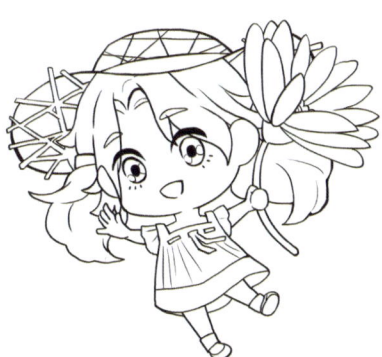

5

Remata los detalles finales, como por ejemplo añadir textura al sombrero de paja.

PERSONAJES CHIBI

Aunque los personajes chibi siempre tienen cuerpos pequeños, los hay de todas las formas y tamaños. Experimenta con diferentes proporciones para ver qué se adapta mejor a tu personaje.

CAMARERA

Los personajes chibi varían de tamaño. La ratio cabeza-cuerpo puede ser igual, con la cabeza y el cuerpo del mismo tamaño, o bien diferente, con personajes cuyo cuerpo puede ser el doble de grande que la cabeza.

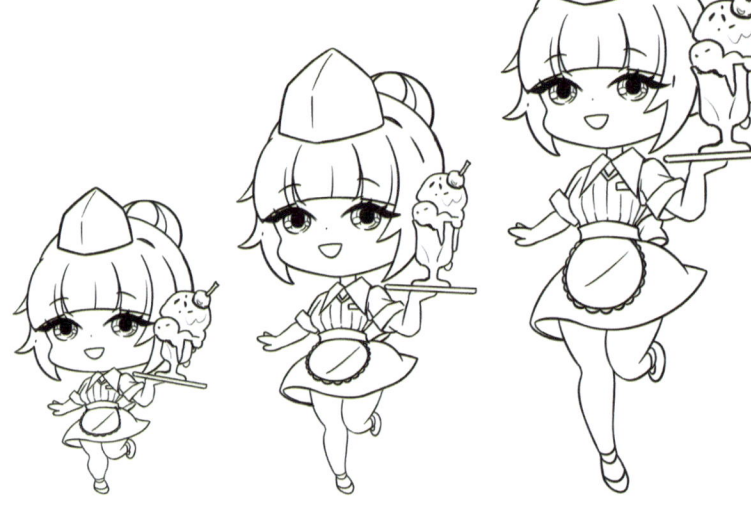

PUNK

Tanto si un personaje chibi es más grande como si es más pequeño, la cabeza se mantiene aproximadamente del mismo tamaño en todas las versiones.

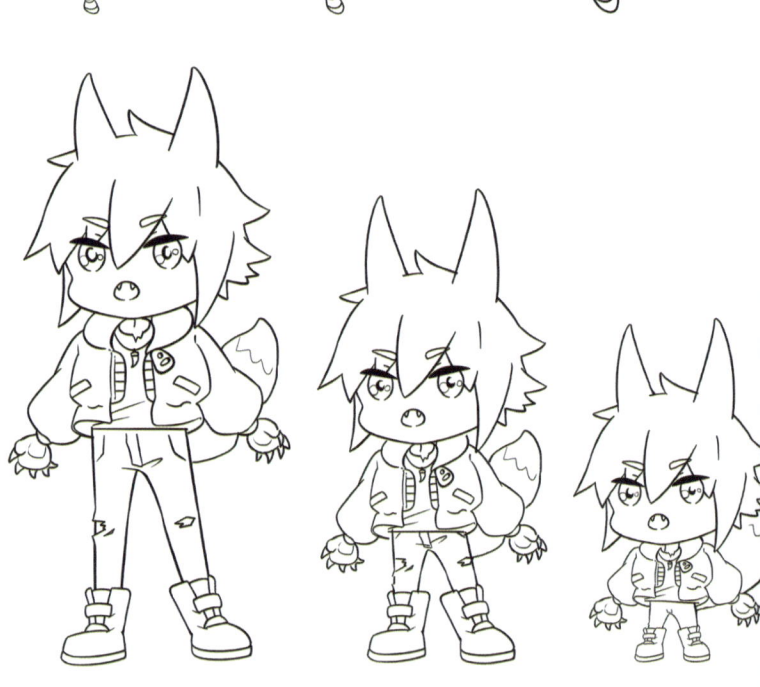

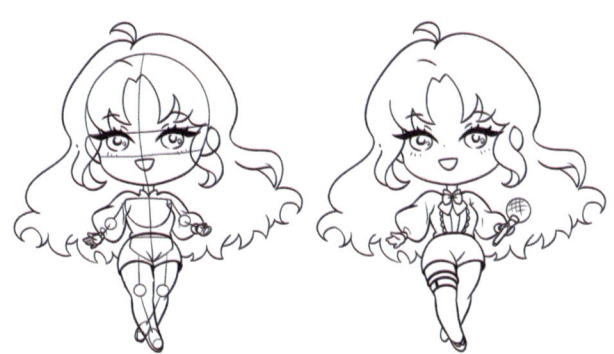

Los personajes chibi dan una impresión distinta a los de tamaño natural. La cabeza de esta atrevida intérprete tiene más o menos el mismo tamaño que el resto de su cuerpo.

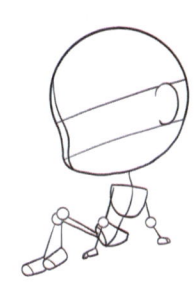 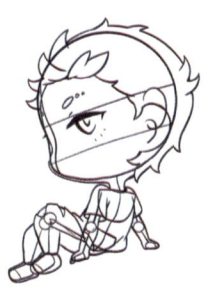 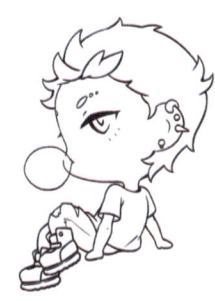

Céntrate en hacer rasgos faciales de tamaño exagerado. Añade un peinado y accesorios que se adapten a la personalidad de tu personaje. Algunos pendientes y el chicle le sientan bien a este adolescente rebelde.

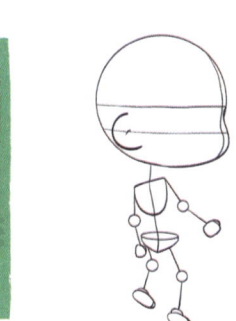 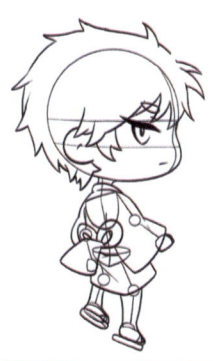 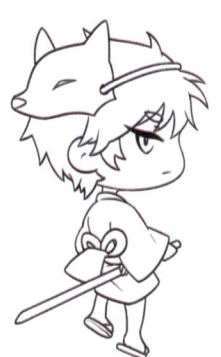

Elige una pose que se adapte a la personalidad de tu personaje: puede estar seguro de sí mismo o darse la vuelta, tímido. Si añades color, usa tonos muy brillantes para resaltar los rasgos chibi.

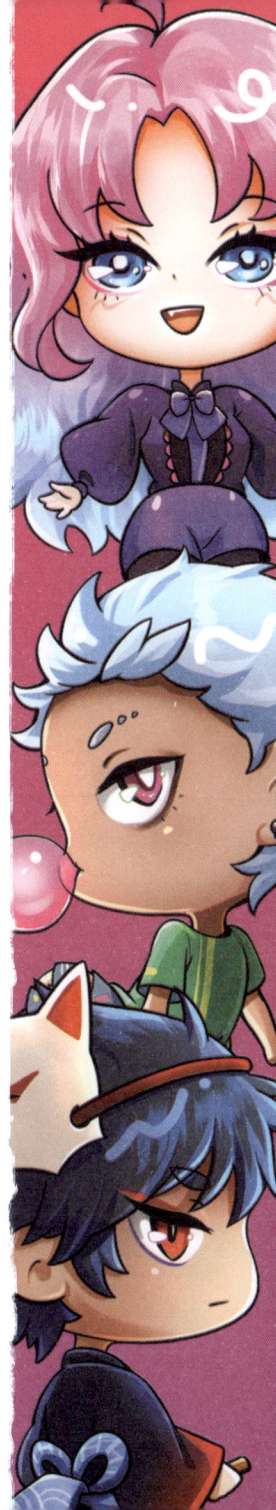

ANIMALES DE COMPAÑÍA

Los perros y los gatos son dos de las criaturas más queridas en la Tierra. Ambos animales caminan sobre cuatro patas (son cuadrúpedos), a diferencia de los humanos, así que presta atención a su anatomía cuando los dibujes.

GATO

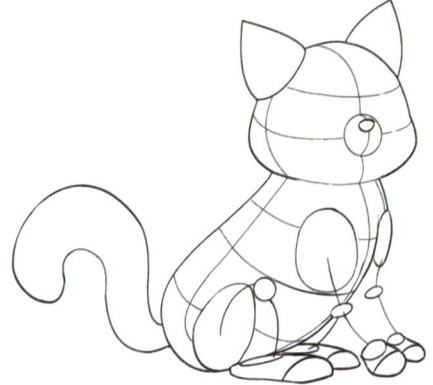

1

Empieza con un esbozo y traza el punto donde estarán las extremidades, las articulaciones y los rasgos faciales clave. Las imágenes de referencia, como las fotografías, pueden ayudarte a familiarizarte con la anatomía del animal.

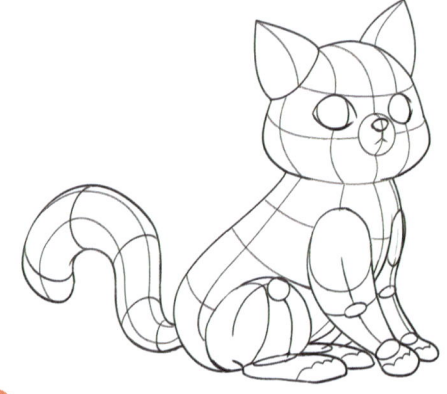

2

Trabaja la forma del gato y esboza los ojos y la boca siguiendo las guías. Experimenta con las proporciones, puedes agrandar las orejas y los ojos para realzar su ternura.

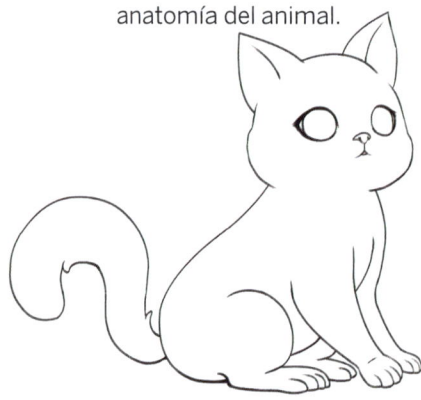

3

Perfecciona las líneas y desarrolla las orejas, la nariz y su expresión. ¿Tu gato es juguetón, descarado o solitario?

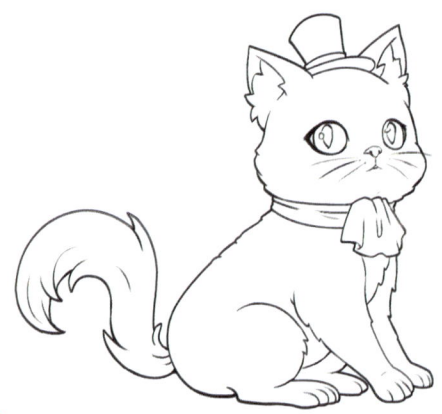

4

Da textura al pelaje del gato añadiendo mechones alrededor de las orejas, la cola y las patas. Incluye detalles en la cara, reflejos en los ojos y algunos accesorios extravagantes.

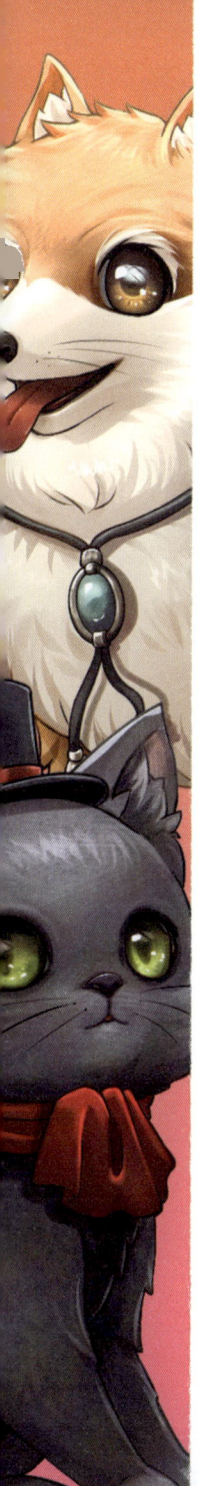

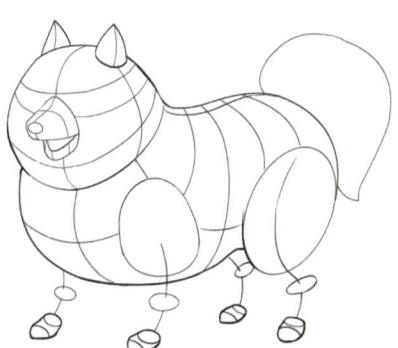

1 Empieza esbozando una pose. Puedes usar imágenes de referencia como guía. Tal vez quieras agrandar los ojos y la cabeza para que el perro tenga un aspecto simpático y estilizado.

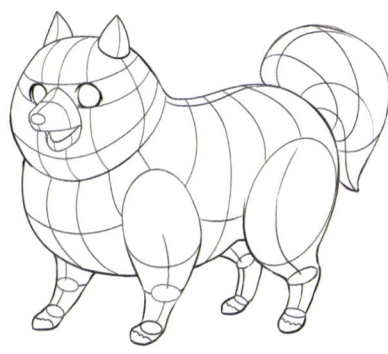

2 Desarrolla las dimensiones del cuerpo siguiendo las guías. Este perro tiene un aspecto redondeado, así que las guías deben ser curvas. Esboza los ojos como ves aquí.

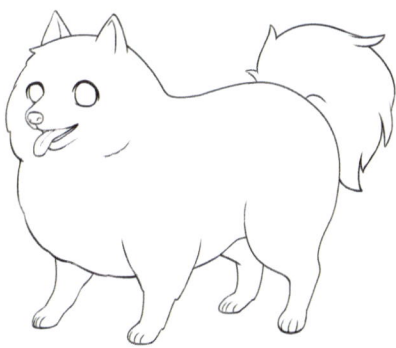

3 Mientras trabajas en la cara, la cola y las orejas, piensa en cómo se puede transmitir el carácter del perro a través de su expresión y sus rasgos.

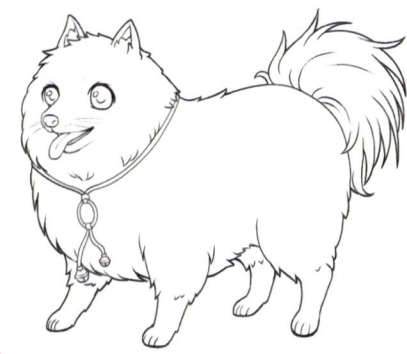

4 Perfecciona las líneas y añade detalles a la cara, mechones de pelo y accesorios para resaltar el encanto de tu perro. El pelaje puede ser corto y esponjoso como aquí, o bien largo y sedoso.

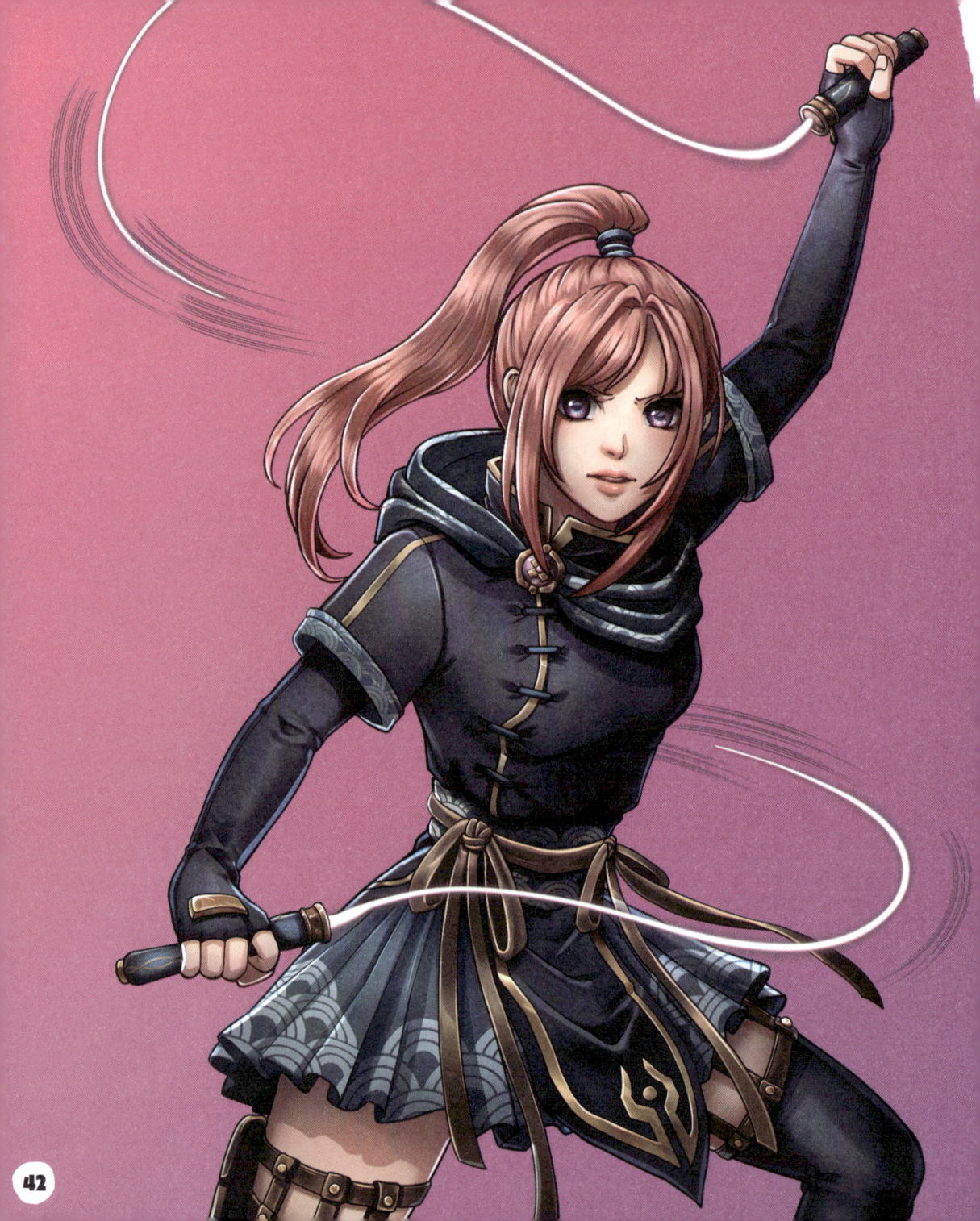

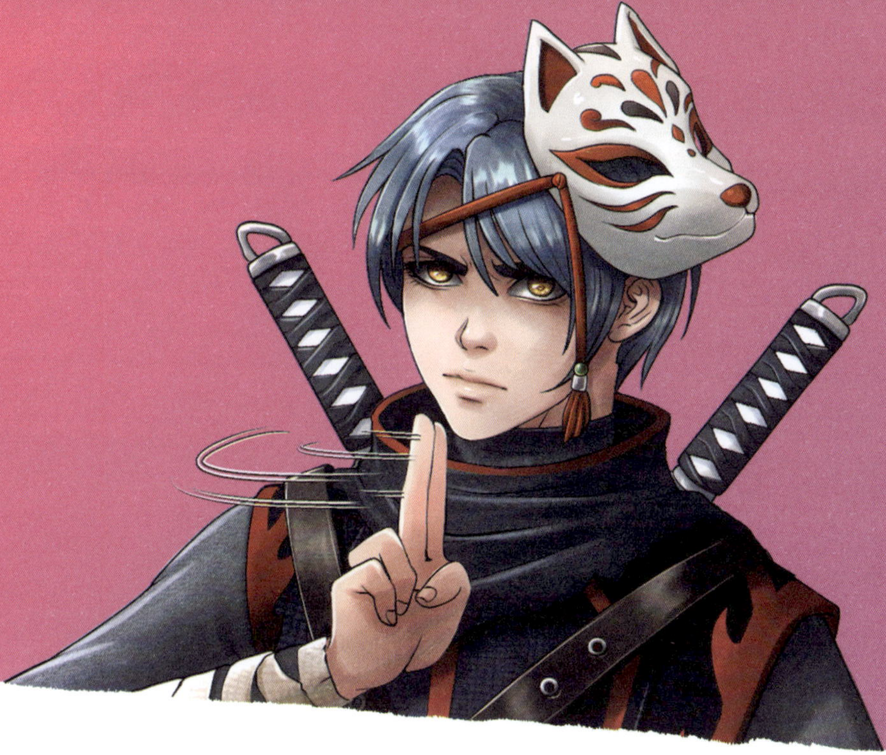

HÉROES Y VILLANOS

Ninguna novela gráfica está completa sin sus héroes y villanos.
Lleva tus habilidades de dibujo al siguiente nivel diseñando
héroes deportivos, hechiceros mágicos, ninjas veloces y leales
compinches. Dota a tus personajes de armas, accesorios,
efectos especiales e incluso hazlos volar.

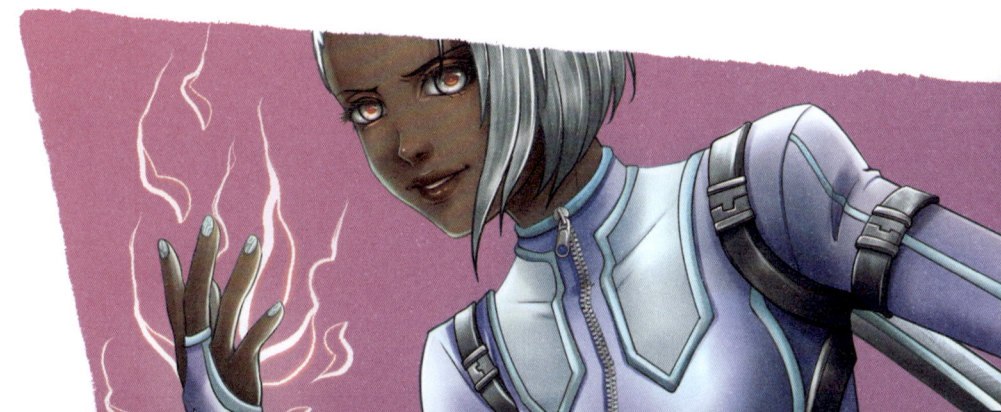

JUGADOR DE BALONCESTO

Este jugador de baloncesto está concentrado en ganar el partido. Fotografiado a medio salto, con las piernas flexionadas y un brazo extendido para alcanzar el balón, da la impresión de ser alguien activo y decidido.

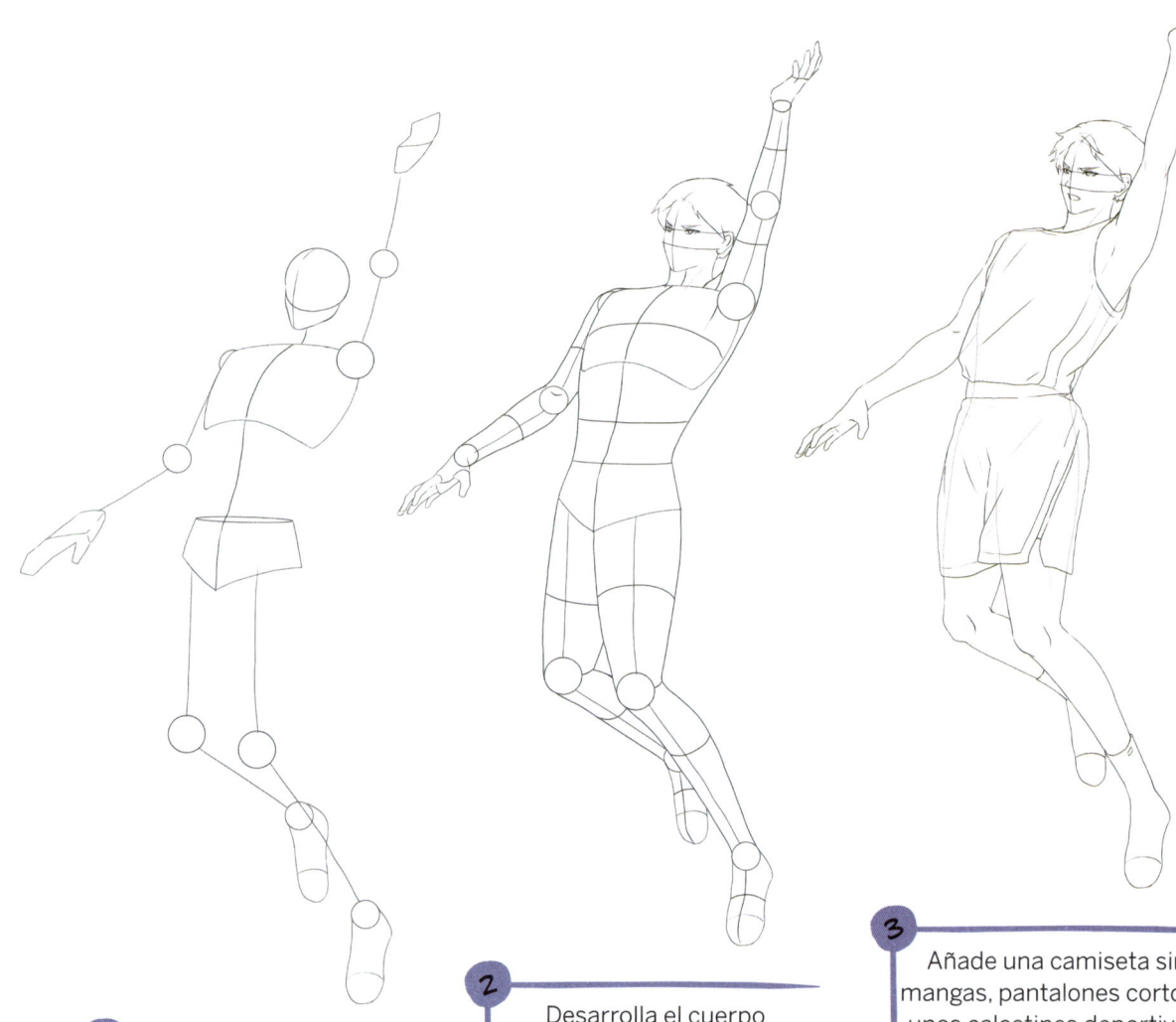

1 Esboza la estructura del esqueleto y las articulaciones. Este personaje está saltando en el aire.

2 Desarrolla el cuerpo musculado del personaje y esboza el pelo. Tiene los ojos estrechos y las cejas fruncidas.

3 Añade una camiseta sin mangas, pantalones corto unos calcetines deportivo Trabaja en los rasgos faciales, y dale a tu personaje una expresión decidida.

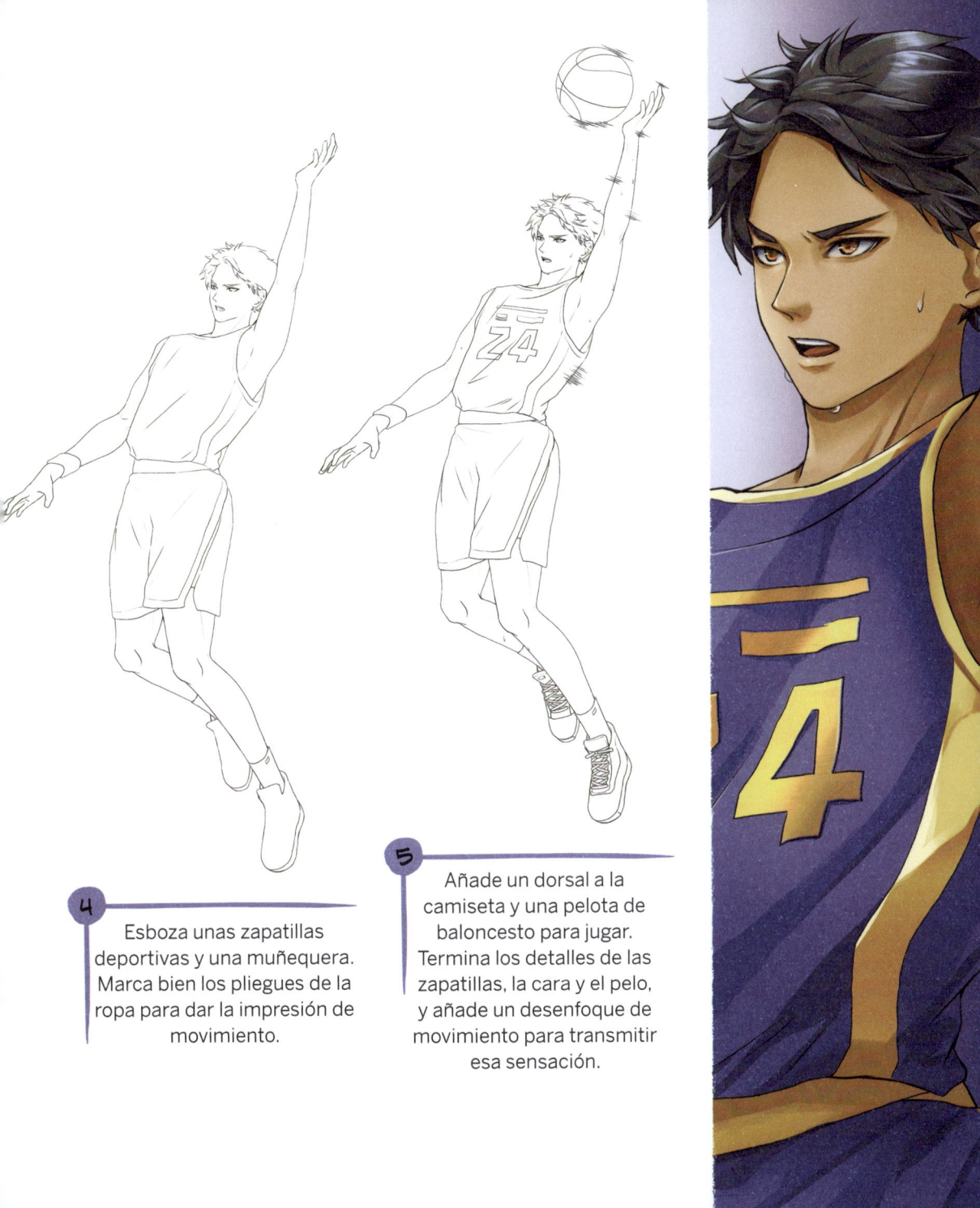

4

Esboza unas zapatillas deportivas y una muñequera. Marca bien los pliegues de la ropa para dar la impresión de movimiento.

5

Añade un dorsal a la camiseta y una pelota de baloncesto para jugar. Termina los detalles de las zapatillas, la cara y el pelo, y añade un desenfoque de movimiento para transmitir esa sensación.

CHICA NINJA

Los ninjas, también conocidos como "shinobi" (los que actúan con sigilo), son muy queridos por sus increíbles habilidades de combate. Este personaje ninja mantiene una postura fuerte y dispuesta para la batalla.

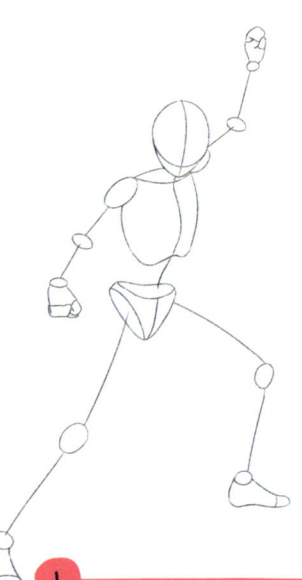

1 Esboza el esqueleto de tu ninja y las articulaciones. La posición activa de las extremidades da la impresión de movimiento.

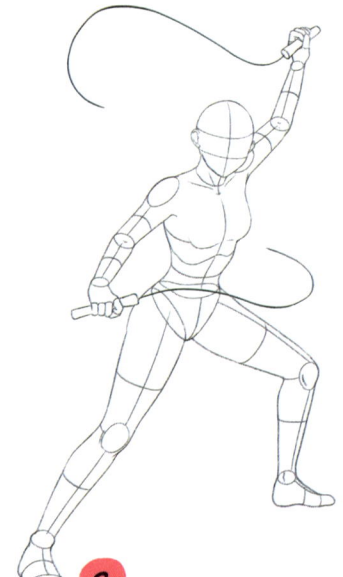

2 Esboza el cuerpo y utiliza las guías para establecer una complexión robusta y atlética para tu ninja. Traza las líneas de los látigos.

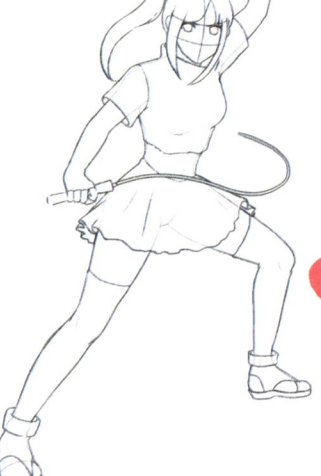

3 Delinea los ojos y el pelo. Viste a tu personaje con ropa sencilla y ligera que permita un movimiento ágil, y desarrolla los látigos.

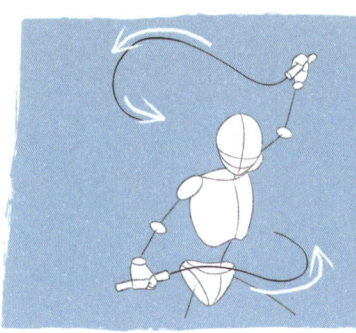

DETALLE EXTRA

Las formas curvas de los látigos dan énfasis a la dirección de su movimiento, ya que es la ninja quien los maneja.

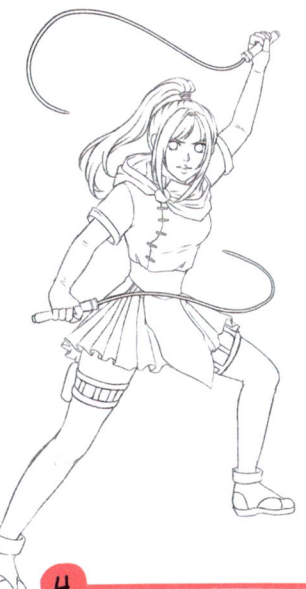

4 Dale a tu personaje una expresión feroz, propia de una ninja letal. Añade detalles como una capucha, un cinturón o un fajín y también unos pliegues a la falda.

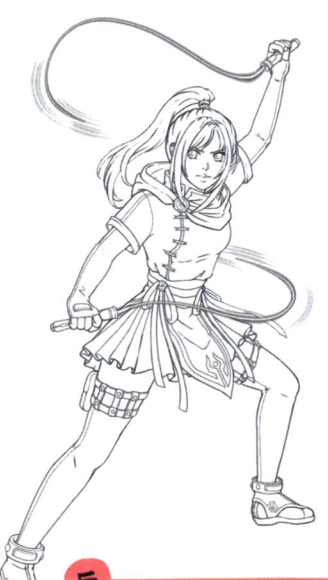

5 Completa los detalles de la ropa, el calzado y la cara, incluidos los reflejos en los ojos. Añade un desenfoque de movimiento para mostrar la velocidad de los látigos.

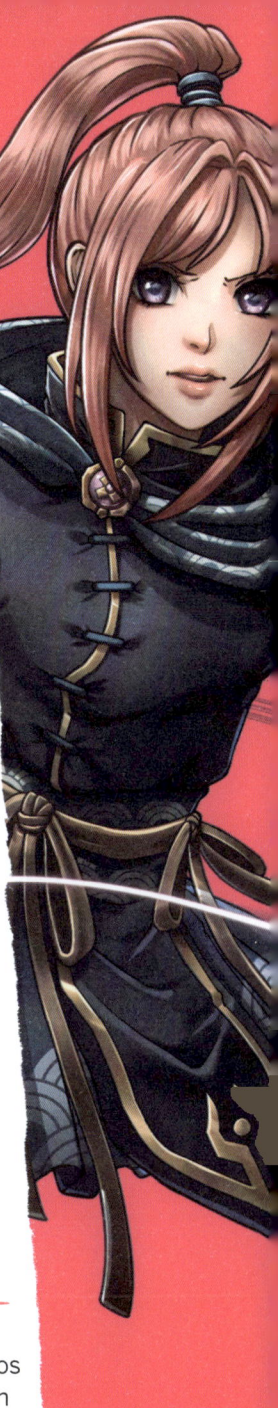

HECHICERO

Aprende a dibujar a un joven mago en formación, levitando sobre el suelo. ¿Qué puedes añadir para revelar su carácter? ¿Practica la magia para el bien o para el mal?

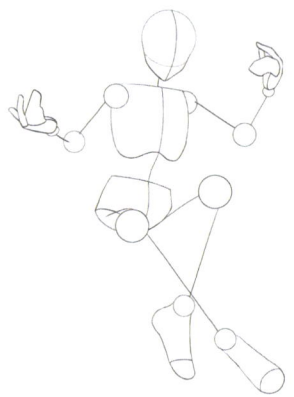

1 Este personaje mágico está sentado con las piernas cruzadas mientras flota sin ningún esfuerzo en el aire. Esboza el esqueleto y las articulaciones.

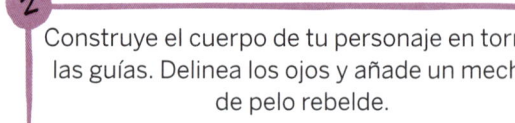

2 Construye el cuerpo de tu personaje en torn las guías. Delinea los ojos y añade un mech de pelo rebelde.

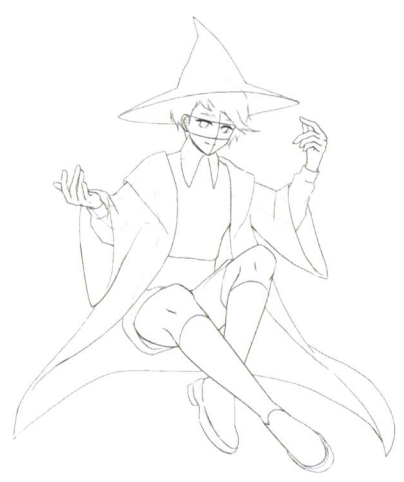

3 Trabaja en la expresión facial serena de tu personaje y añade la ropa. La capa y el sombrero son elementos esenciales para una bruja o un mago.

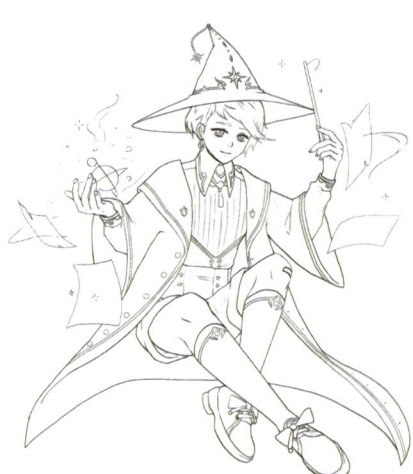

4 Adorna la ropa con detalles decorativos y pliegues. Da los últimos toques dibujando pa flotante encantado, chispas y zarcillos mágic

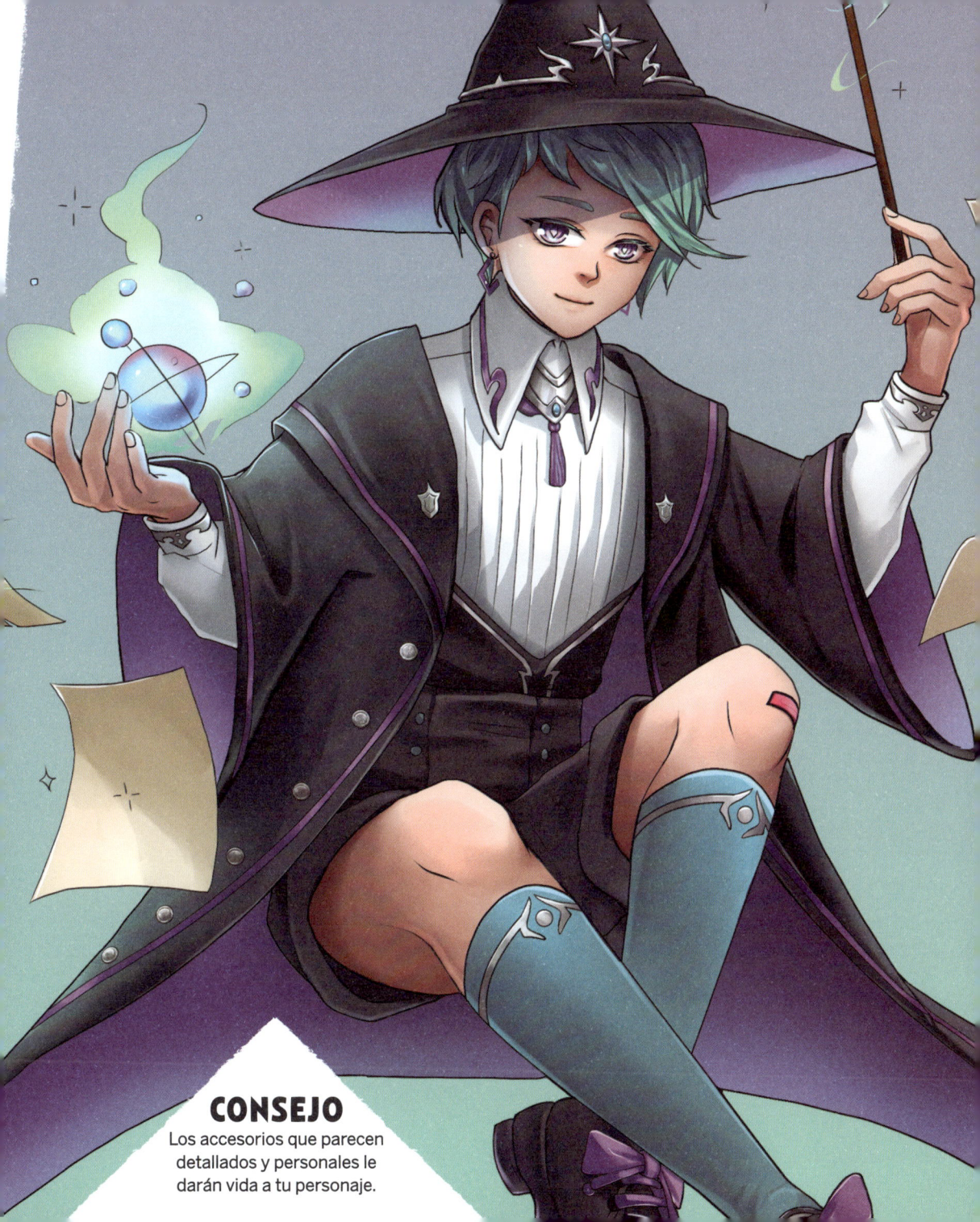

CONSEJO

Los accesorios que parecen
detallados y personales le
darán vida a tu personaje.

SUPERHEROÍNA VOLADORA

Crea tu propia superheroína con superpoderes únicos y un atuendo atrevido y esculpido a juego. Podrá volar, trepar por las paredes o lanzar rayos con la punta de los dedos.

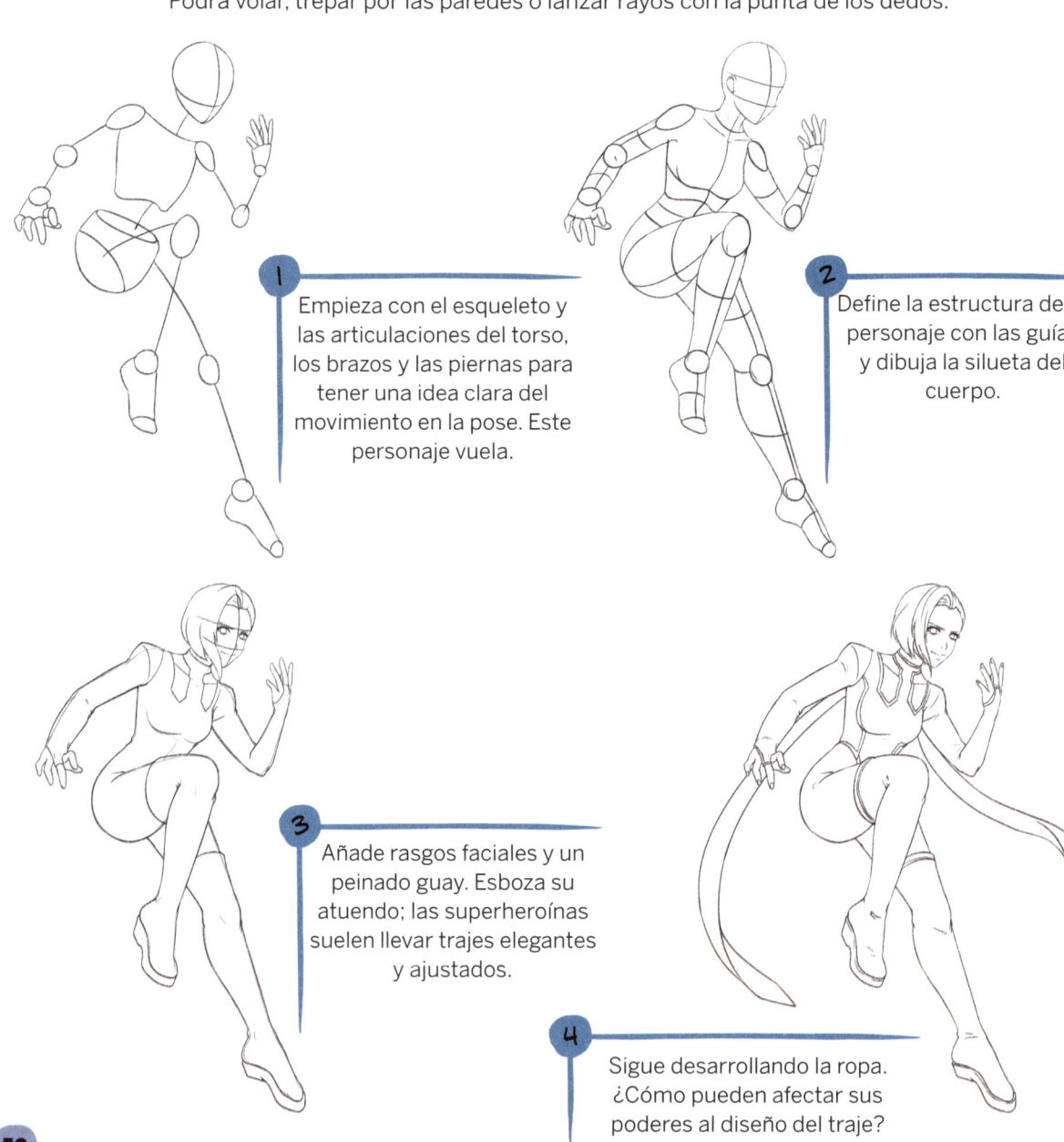

1 Empieza con el esqueleto y las articulaciones del torso, los brazos y las piernas para tener una idea clara del movimiento en la pose. Este personaje vuela.

2 Define la estructura de personaje con las guía y dibuja la silueta del cuerpo.

3 Añade rasgos faciales y un peinado guay. Esboza su atuendo; las superheroínas suelen llevar trajes elegantes y ajustados.

4 Sigue desarrollando la ropa. ¿Cómo pueden afectar sus poderes al diseño del traje?

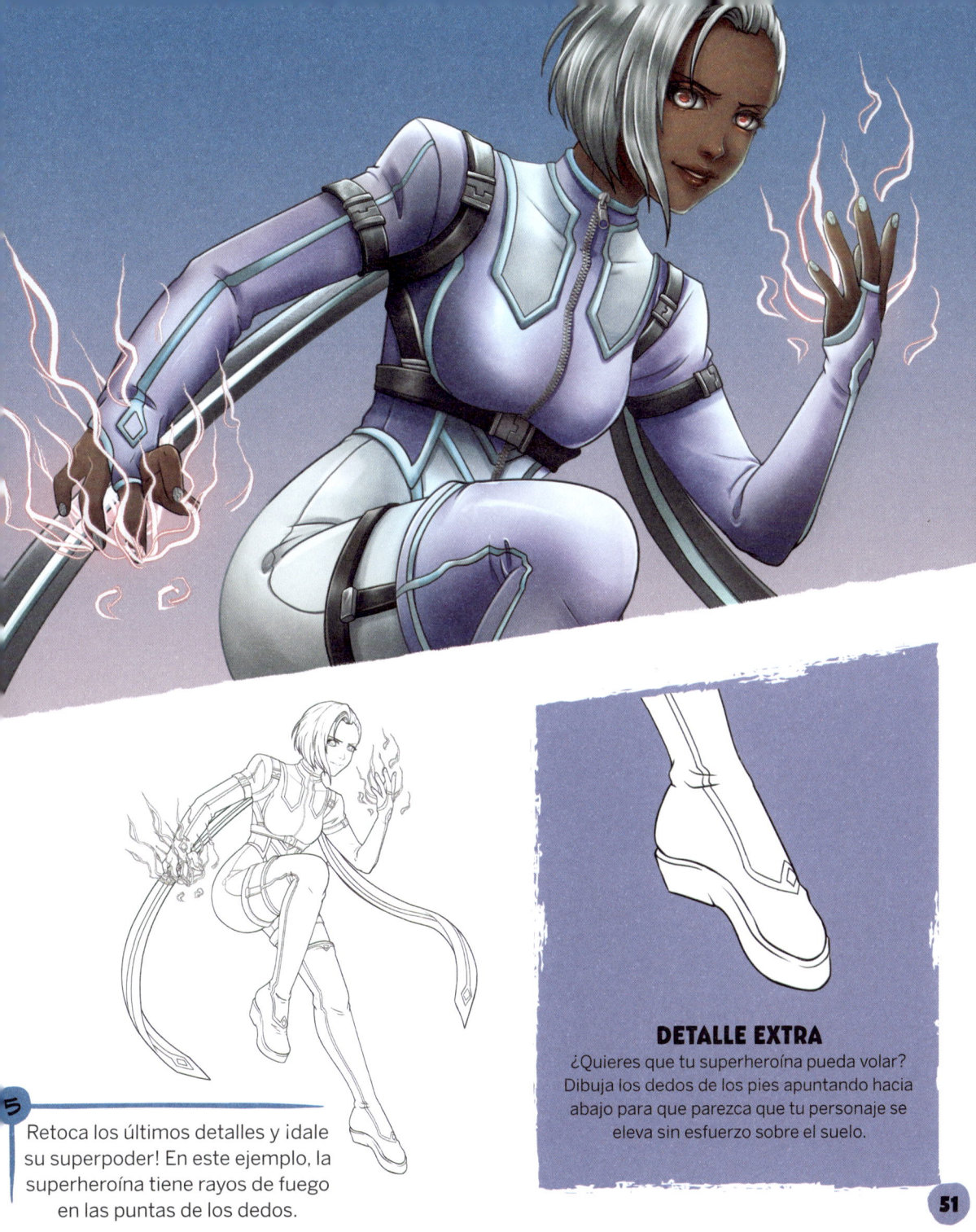

5

Retoca los últimos detalles y ¡dale su superpoder! En este ejemplo, la superheroína tiene rayos de fuego en las puntas de los dedos.

DETALLE EXTRA

¿Quieres que tu superheroína pueda volar? Dibuja los dedos de los pies apuntando hacia abajo para que parezca que tu personaje se eleva sin esfuerzo sobre el suelo.

CHICO NINJA

Para el diseño de este personaje, hay que tener en cuenta la postura física y mental, o "kamae", del ninja. Estas posturas se utilizan en el Ninjutsu (artes marciales practicadas por ninjas) para ayudar a medir la distancia y la orientación.

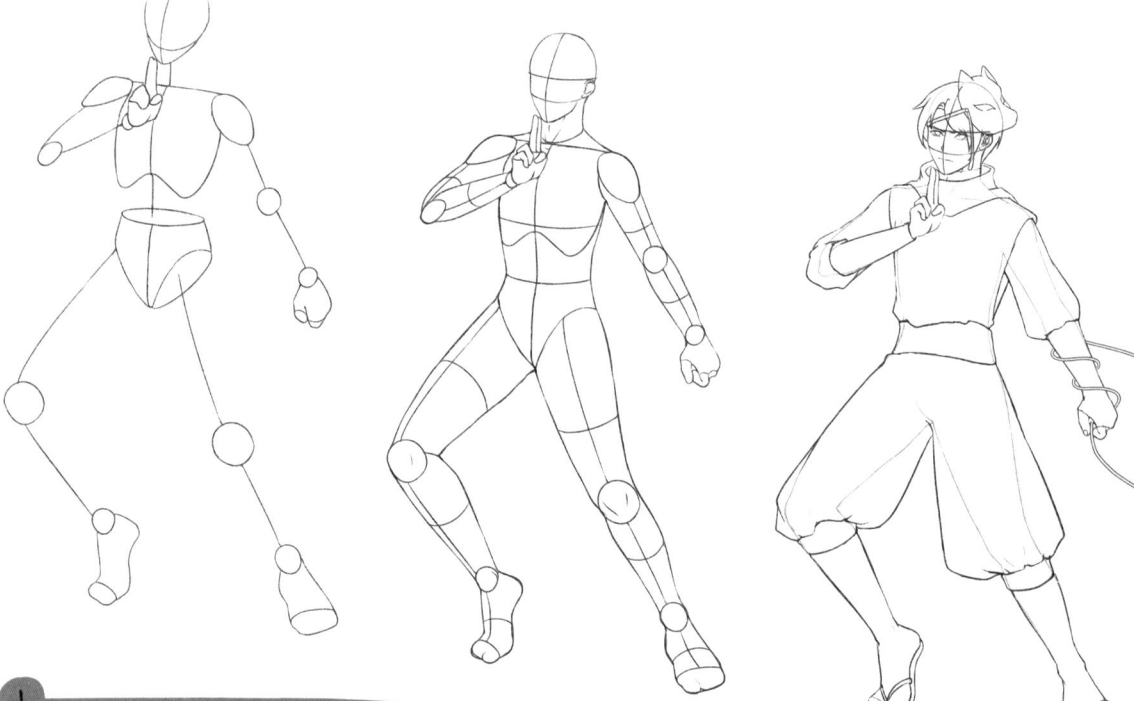

1 Comienza esbozando la estructura del esqueleto y las articulaciones. La pose que ves aquí es una postura típica ninja (kamae).

2 Desarrolla la constitución de tu ninja y el cuerpo. Puede tener una constitución ágil y atlética porque ha pasado años combatiendo.

3 Tradicionalmente, los ninja visten chaquetas negras, pantalones, sandalias y un prenda amplia y suelta alrede del cuello o la cabeza, llama "capucha". Esboza la cara y látigo. Dale un toque singular ninja añadiendo una máscara "kitsune" (zorro).

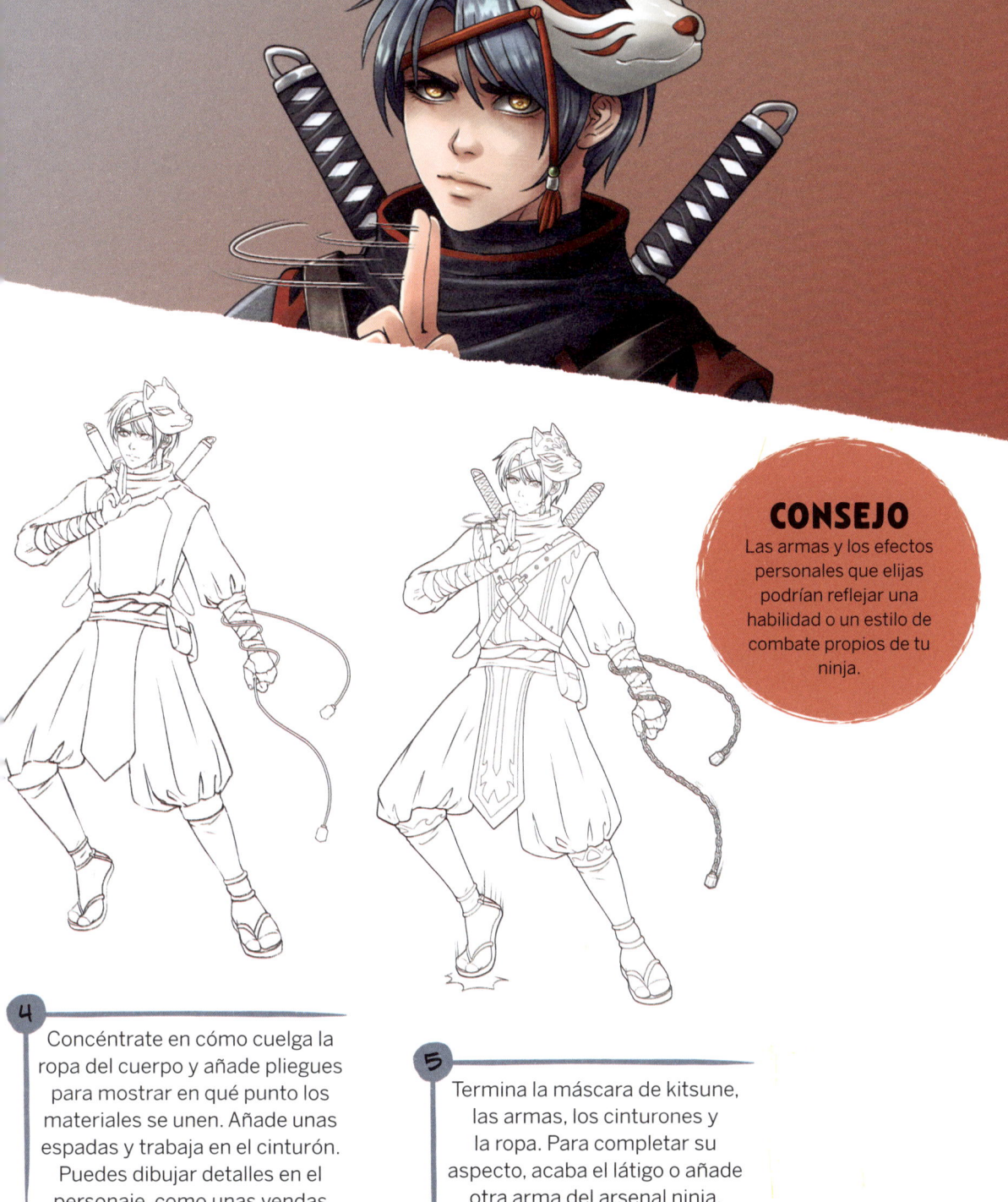

CONSEJO

Las armas y los efectos personales que elijas podrían reflejar una habilidad o un estilo de combate propios de tu ninja.

4

Concéntrate en cómo cuelga la ropa del cuerpo y añade pliegues para mostrar en qué punto los materiales se unen. Añade unas espadas y trabaja en el cinturón. Puedes dibujar detalles en el personaje, como unas vendas alrededor de los antebrazos.

5

Termina la máscara de kitsune, las armas, los cinturones y la ropa. Para completar su aspecto, acaba el látigo o añade otra arma del arsenal ninja.

YATAGARASU

Este cuervo es un compañero fiel y cercano del ninja que puede poseer una sabiduría intrínseca y es esencial para el personaje al que acompaña. El cuervo Yatagarasu, de tres patas, tiene su origen en la mitología de Asia Oriental y es conocido por su vista aguda, inteligencia y sabia orientación.

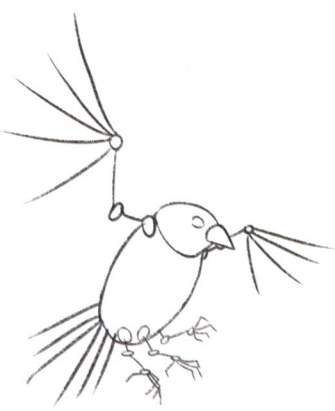

1 Utiliza imágenes de referencia de aves para comprender su anatomía. No olvides la tercera pata del Yatagarasu al dibujar la estructura básica del esqueleto y las articulaciones.

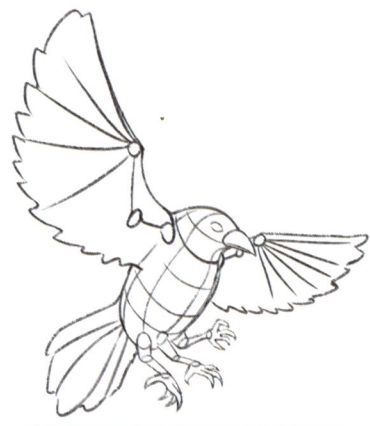

2 Utiliza las guías para dar cuerpo a la forma y perfilar las alas y las plumas de la cola. Tal vez prefieras esbozar cada pata por separado para simplificar el proceso antes de añadirlas a tu Yatagarasu.

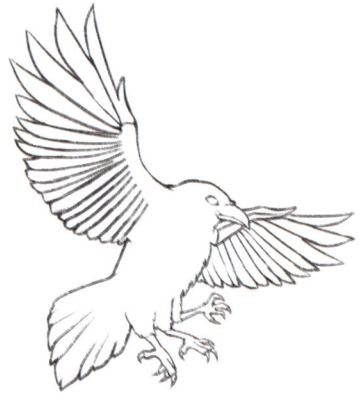

3 Dibuja líneas fluidas y amplias para el cuerpo y las alas. Las plumas deben parecer fuertes pero flexibles al mismo tiempo.

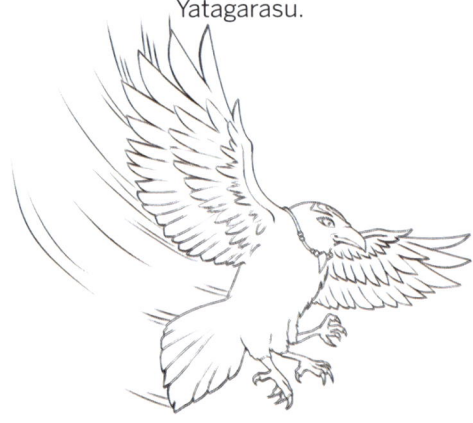

4 Añade los últimos detalles, como marcas, accesorios y líneas de desenfoque de movimiento (ver página 59), para realzar el carácter de tu Yatagarasu.

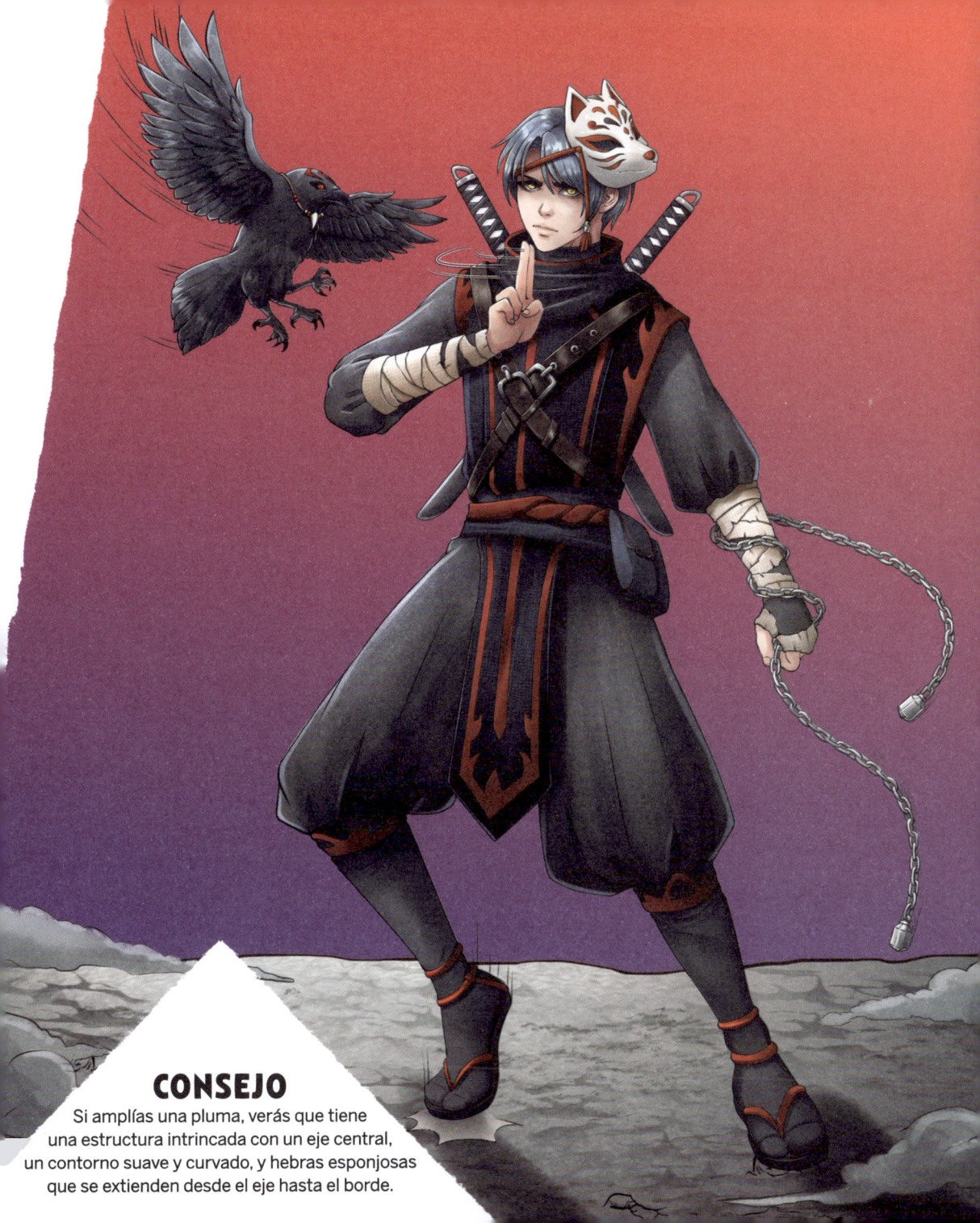

CONSEJO

Si amplías una pluma, verás que tiene
una estructura intrincada con un eje central,
un contorno suave y curvado, y hebras esponjosas
que se extienden desde el eje hasta el borde.

CEREBRITOS

Un clásico del manga, estos personajes desvalidos o frikis modestos están llenos de sorpresas. Tal vez parezcan tímidos, pero te aseguro que pueden pasar de cero a héroe en un instante.

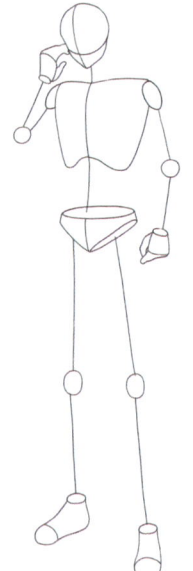

CHICO ESTUDIANTE

1

Empieza por la estructura del esqueleto y las articulaciones. Si dibujas a tu personaje con una mano levantada hacia la cara, parecerá un poco cohibido.

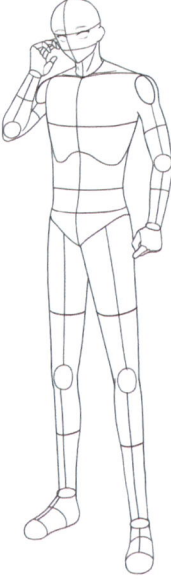

2

Esboza los ojos y sigue trabajando en la estructura del personaje, siguiendo las guías. Dada su condición de "friki", puedes optar por un cuerpo menos musculoso.

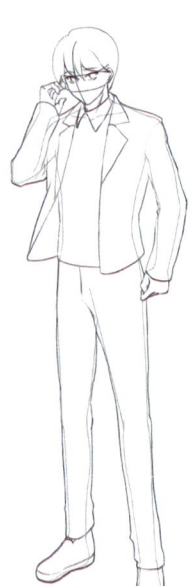

3

Traza las líneas del pelo y la ropa. Este atuendo se basa en el uniforme escolar, y puedes darle un toque final con una americana elegante.

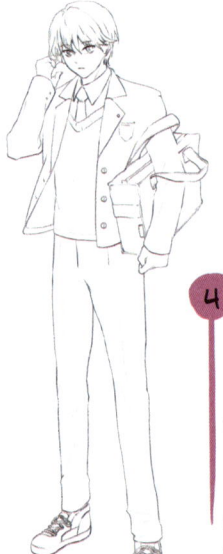

4

Termina el *look* colegial con una corbata y una cartera. Añade los últimos detalles a la cara y el uniforme, y dale un toque rebelde al pelo detallando cada mechón y añadiendo sombreado.

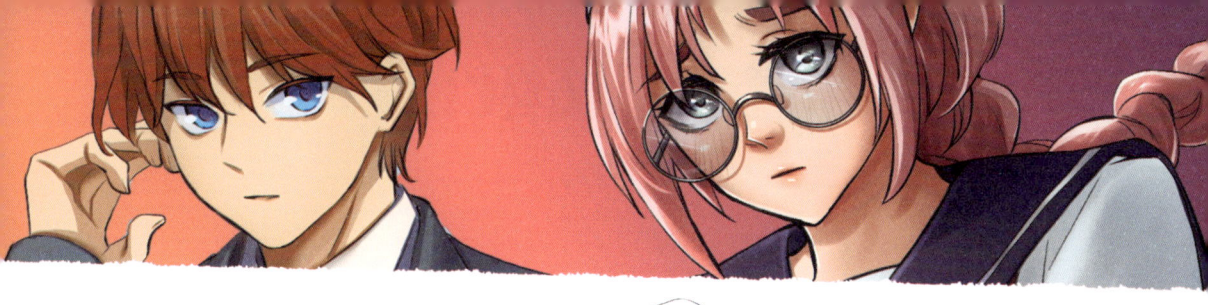

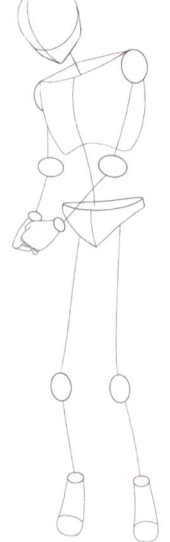

CHICA ESTUDIANTE

1 Traza el esqueleto y las articulaciones en una pose sencilla. Con una postura ligeramente encorvada, esta chica da la impresión de que prefiere pasar inadvertida.

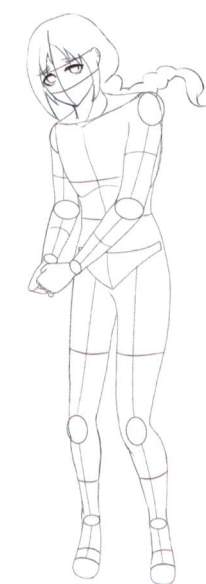

2 Desarrolla la estructura de tu personaje. Esboza un peinado con una trenza ligera y dibuja el contorno de los ojos.

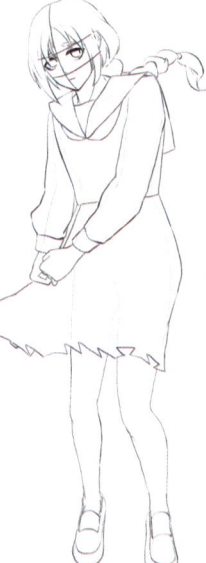

3 Diseña un atuendo para tu personaje. El uniforme del colegio puede servir, pero siéntete libre de añadir toques especiales. Fíjate en que la falda se mueve hacia un lado, y eso da sensación de movimiento.

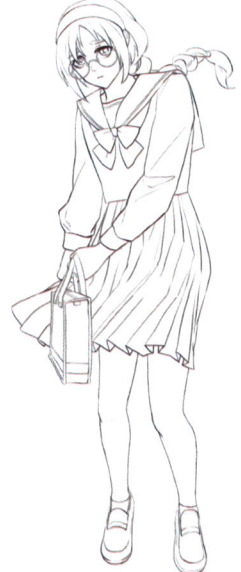

4 Ultima los detalles. Unas gafas grandes y redondas, una cinta para el pelo, un bonito lazo y una mochila completan el *look*.

ARTES MARCIALES

Las artes marciales no se limitan a la lucha y pueden practicarse por muchas razones, como por ejemplo la forma física, la espiritualidad y como parte de rituales. Un artista marcial realiza la icónica postura de la "mano que hace señas" para burlarse de su oponente.

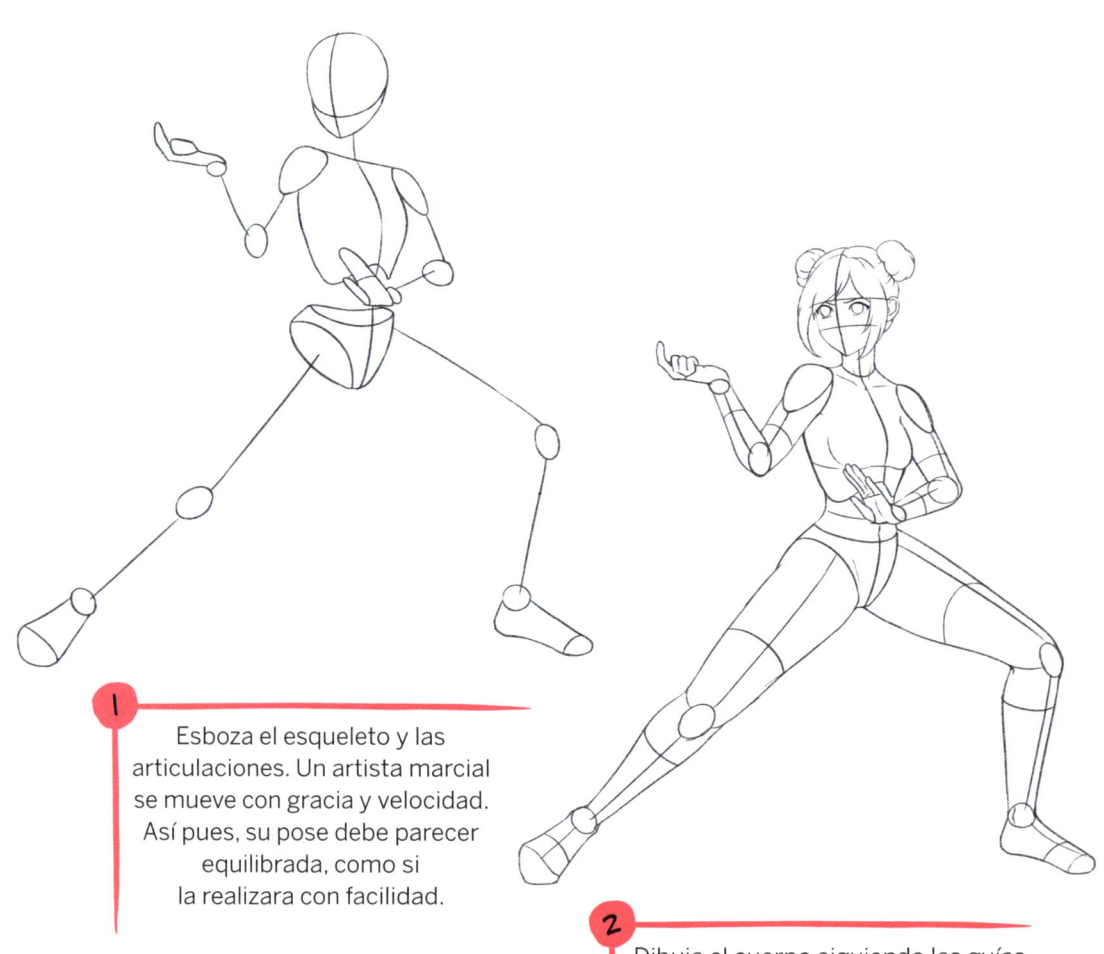

1 Esboza el esqueleto y las articulaciones. Un artista marcial se mueve con gracia y velocidad. Así pues, su pose debe parecer equilibrada, como si la realizara con facilidad.

2 Dibuja el cuerpo siguiendo las guías. ¿Tu artista marcial es un personaje serio, sereno, enfadado o burlón? Desarrolla su expresión facial, empezando por los ojos y el pelo.

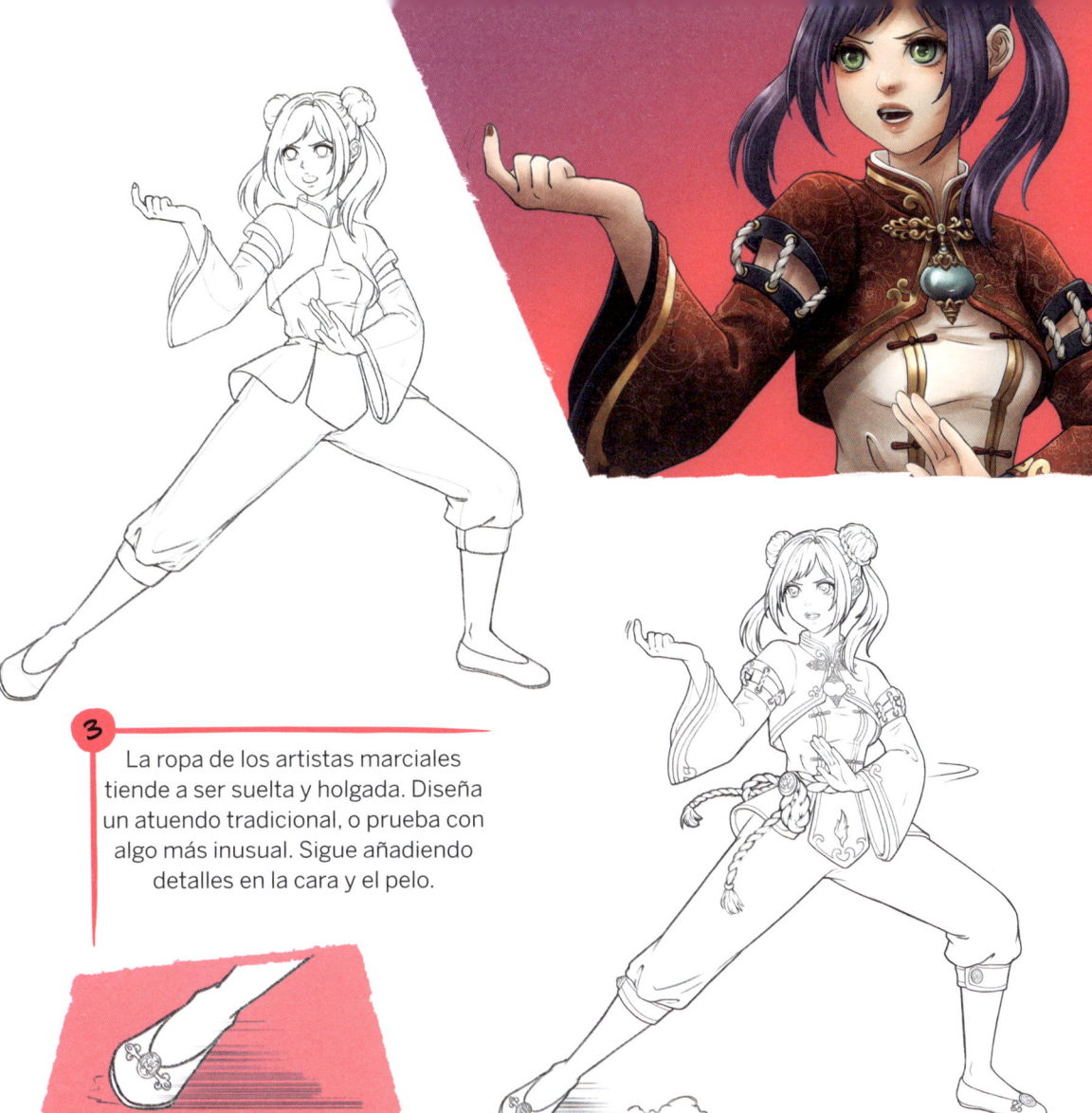

3

La ropa de los artistas marciales tiende a ser suelta y holgada. Diseña un atuendo tradicional, o prueba con algo más inusual. Sigue añadiendo detalles en la cara y el pelo.

DETALLE EXTRA

El "desenfoque de movimiento" se produce cuando algo se mueve tan rápido que parece borroso. El desenfoque de movimiento se extiende en la dirección opuesta al movimiento, mostrando dónde estaba el objeto hace un instante.

4

Completa la cara, la ropa y el peinado, detallando secciones y añadiendo sombreado. Para el toque final, incluye desenfoque de movimiento para mostrar velocidad y la dirección del movimiento.

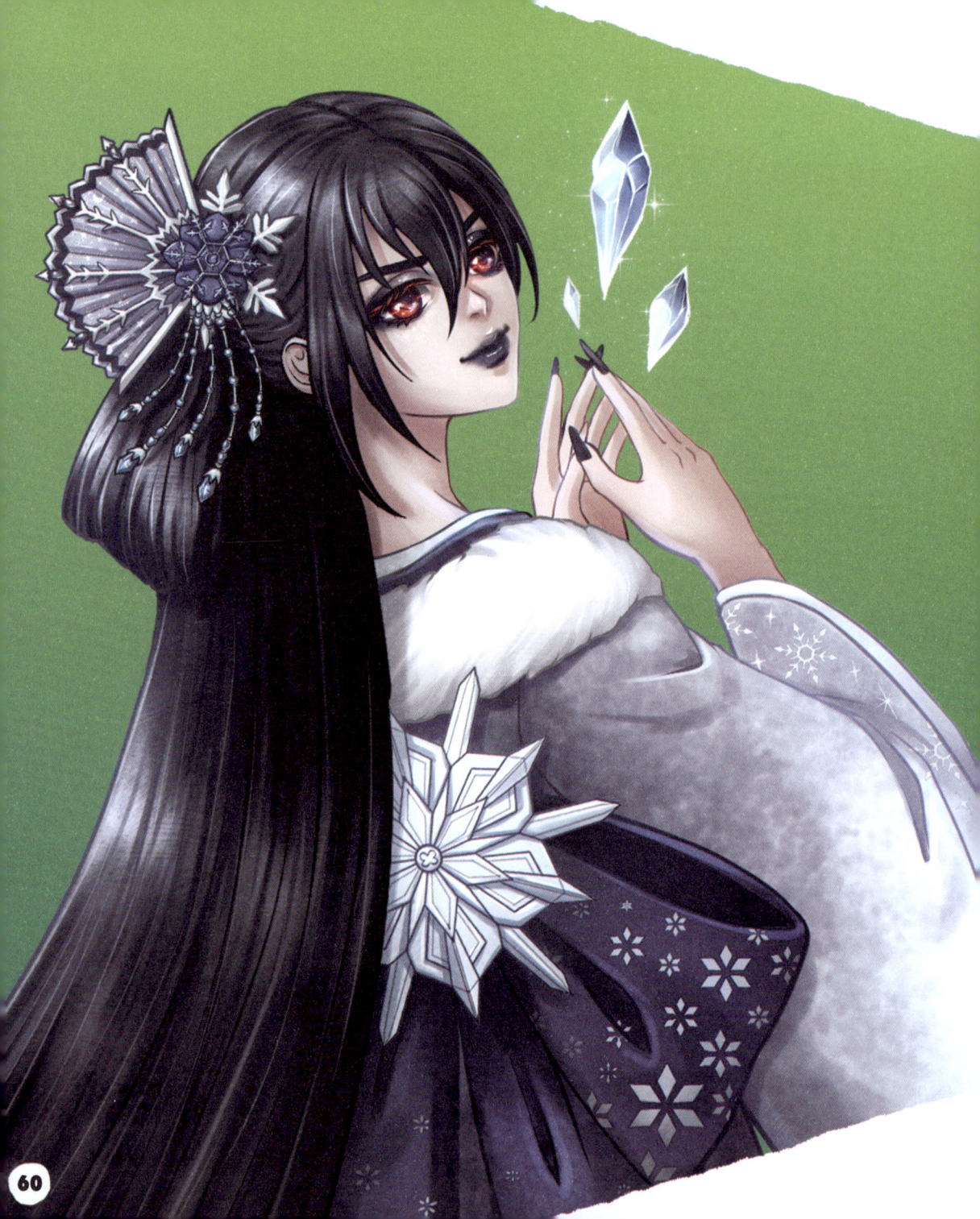

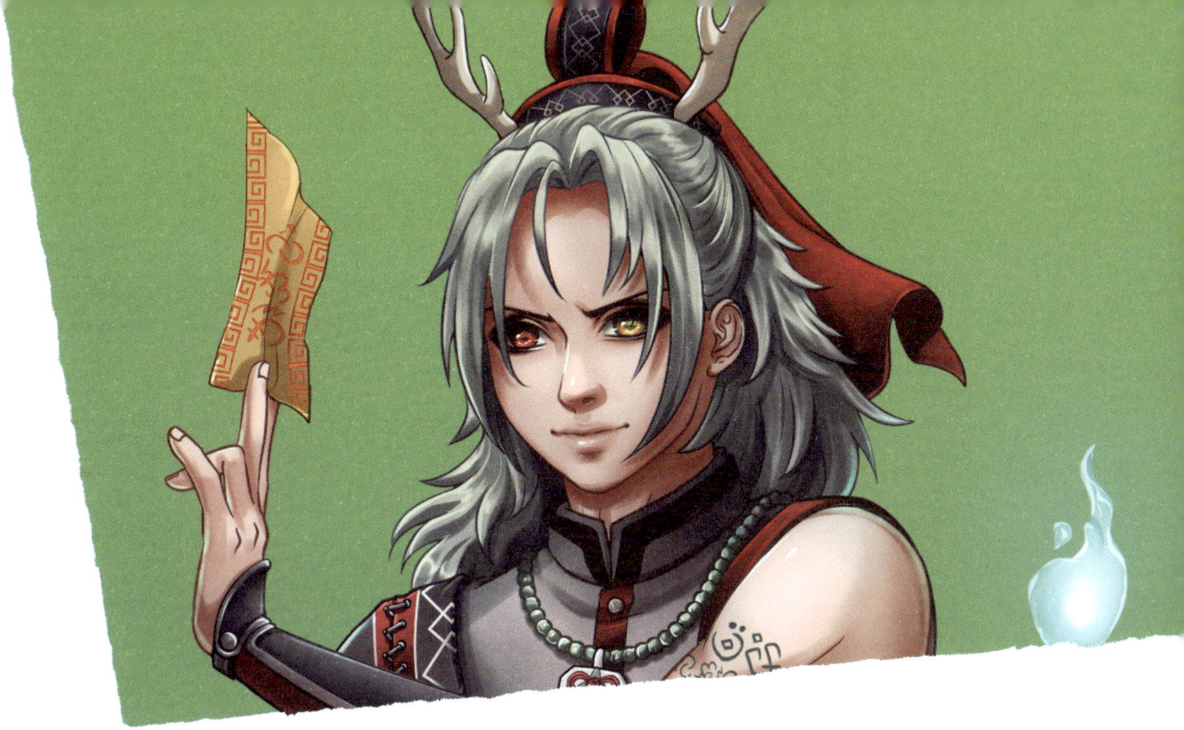

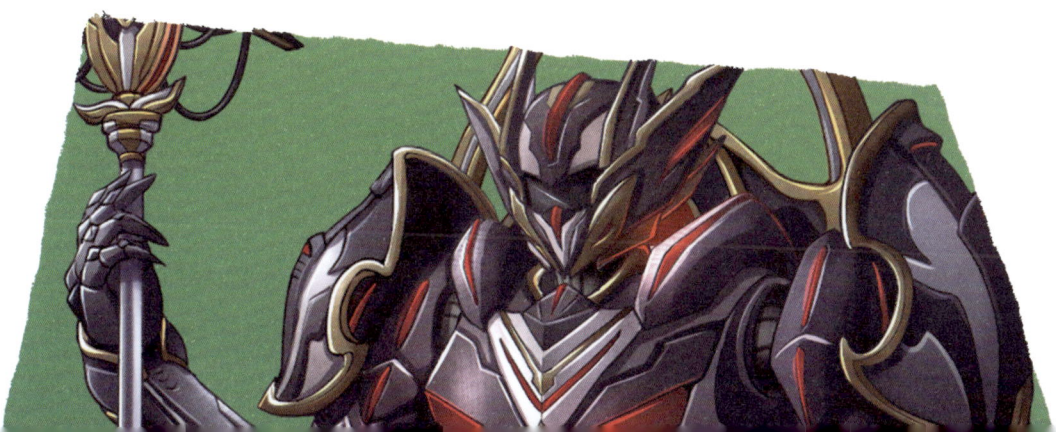

CIENCIA FICCIÓN Y FANTASÍA

Aventúrate en mundos lejanos, sociedades distópicas y escenarios sobrenaturales con estos personajes de ciencia ficción y fantasía. Da vida a criaturas míticas con poderes sobrenaturales, cíborgs con armas futuristas, zombis, fantasmas, cazadores de demonios y mucho más.

CÍBORG CIBERPUNK

Este personaje cíborg futurista lleva un traje de alta tecnología adecuado para un entorno distópico. Con un arma de rayos láser y un casco de comunicación, este cíborg está preparado para la batalla.

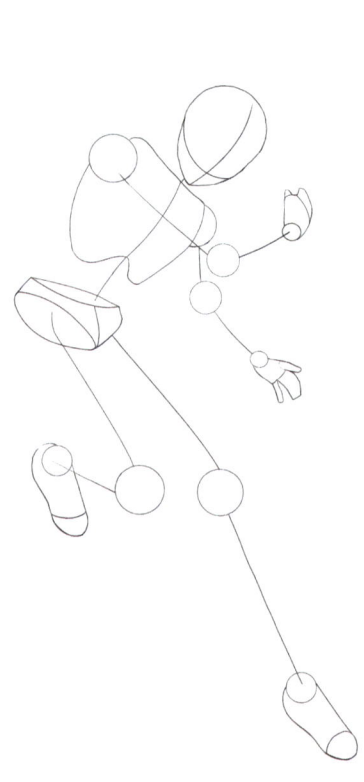

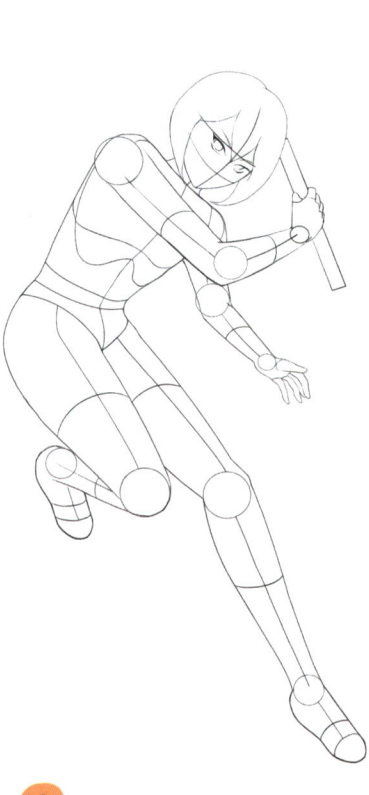

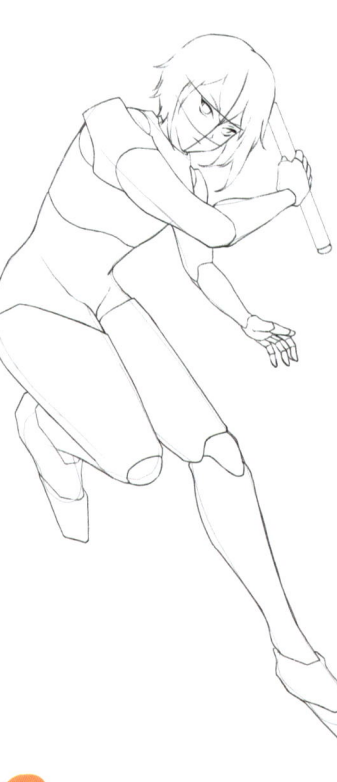

1 Empieza trazando el esqueleto y las articulaciones. Este personaje está listo para defenderse de un ataque láser.

2 Esboza la complexión de la figura y también los ojos y el pelo. Empieza a dibujar el mango del arma láser.

3 Diseña un traje ceñido y mecánico para tu personaje. Desarrolla los rasgos faciales.

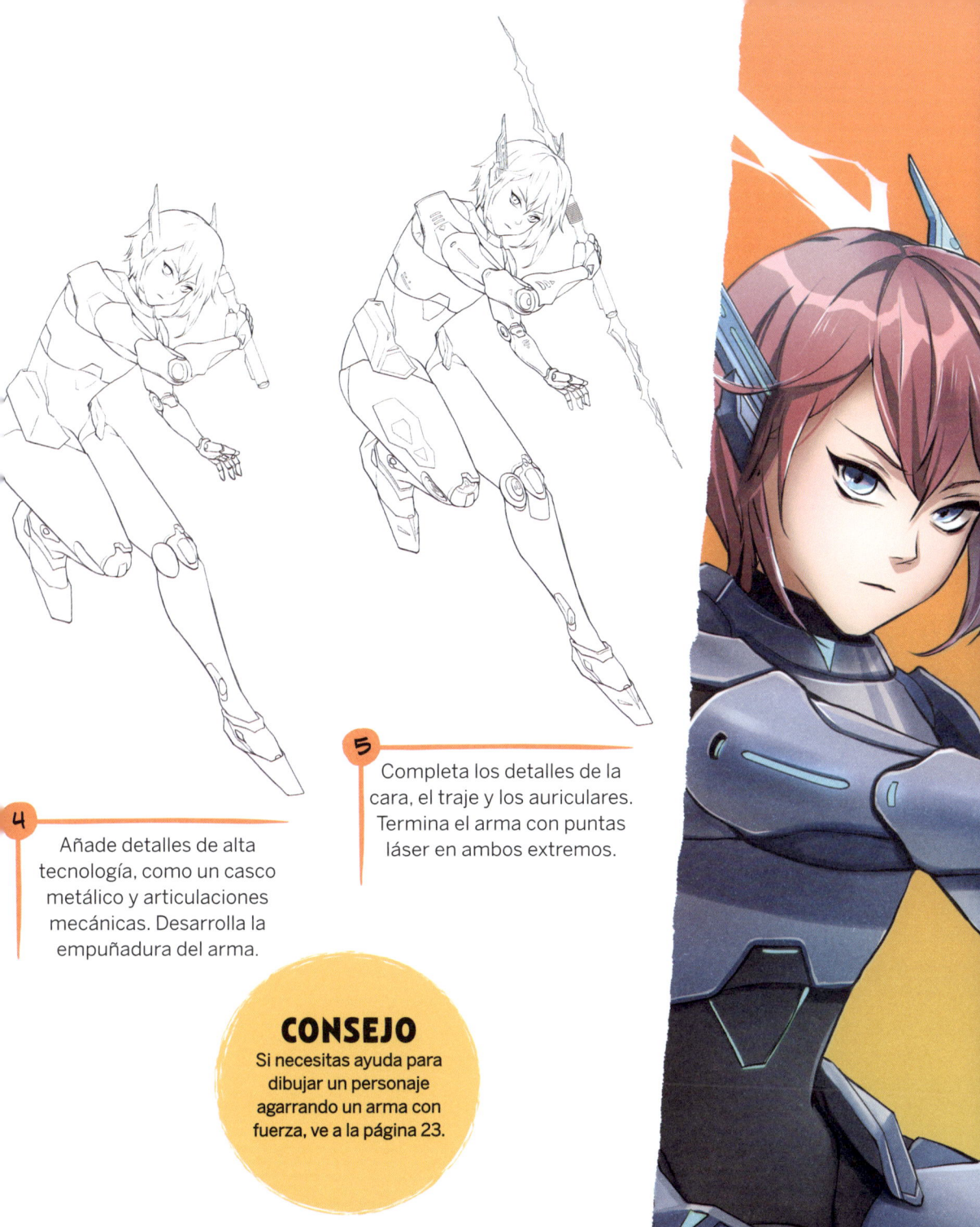

4

Añade detalles de alta tecnología, como un casco metálico y articulaciones mecánicas. Desarrolla la empuñadura del arma.

5

Completa los detalles de la cara, el traje y los auriculares. Termina el arma con puntas láser en ambos extremos.

CONSEJO

Si necesitas ayuda para dibujar un personaje agarrando un arma con fuerza, ve a la página 23.

YUKI-ONNA, ESPÍRITU DE LA NIEVE

Yuki-onna, o la Mujer de las Nieves, es un espíritu del folclore japonés. Se la describe con una piel fantasmagóricamente pálida, pelo largo y negro y rasgos llamativos. En los cuentos populares, aparece en las oscuras noches nevadas, flotando grácilmente sobre la nieve.

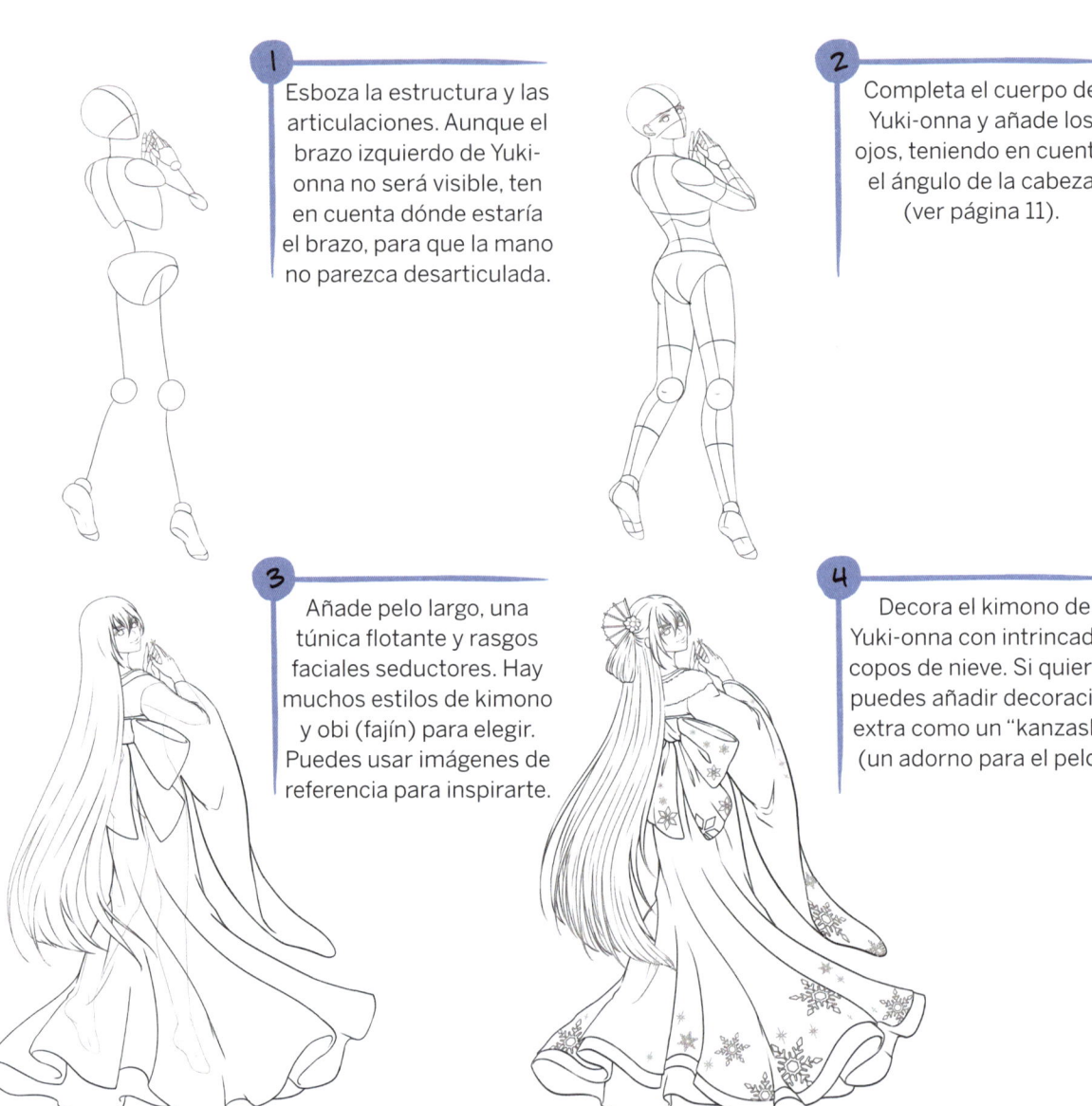

1 Esboza la estructura y las articulaciones. Aunque el brazo izquierdo de Yuki-onna no será visible, ten en cuenta dónde estaría el brazo, para que la mano no parezca desarticulada.

2 Completa el cuerpo de Yuki-onna y añade los ojos, teniendo en cuenta el ángulo de la cabeza (ver página 11).

3 Añade pelo largo, una túnica flotante y rasgos faciales seductores. Hay muchos estilos de kimono y obi (fajín) para elegir. Puedes usar imágenes de referencia para inspirarte.

4 Decora el kimono de Yuki-onna con intrincados copos de nieve. Si quieres puedes añadir decoración extra como un "kanzashi" (un adorno para el pelo)

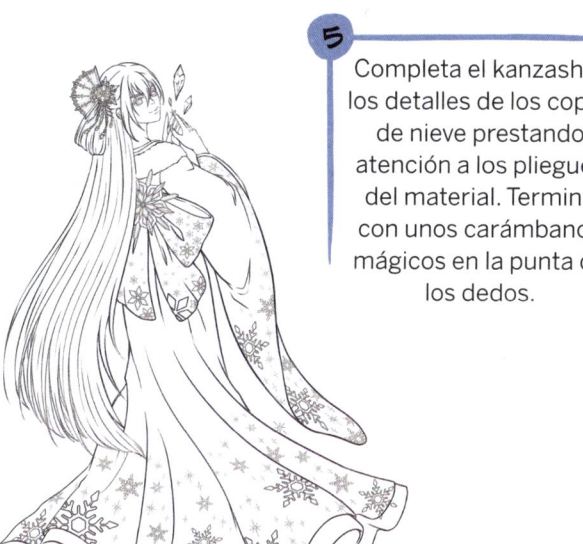

5

Completa el kanzashi y los detalles de los copos de nieve prestando atención a los pliegues del material. Termina con unos carámbanos mágicos en la punta de los dedos.

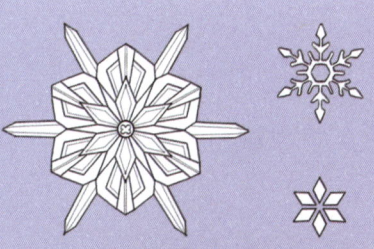

DETALLE EXTRA

Para dibujar un copo de nieve, empieza por el centro y sigue hacia fuera, añadiendo formas como rombos, triángulos y rectángulos. Procura que las formas sean nítidas y no redondeadas, y asegúrate de que los copos de nieve sean simétricos.

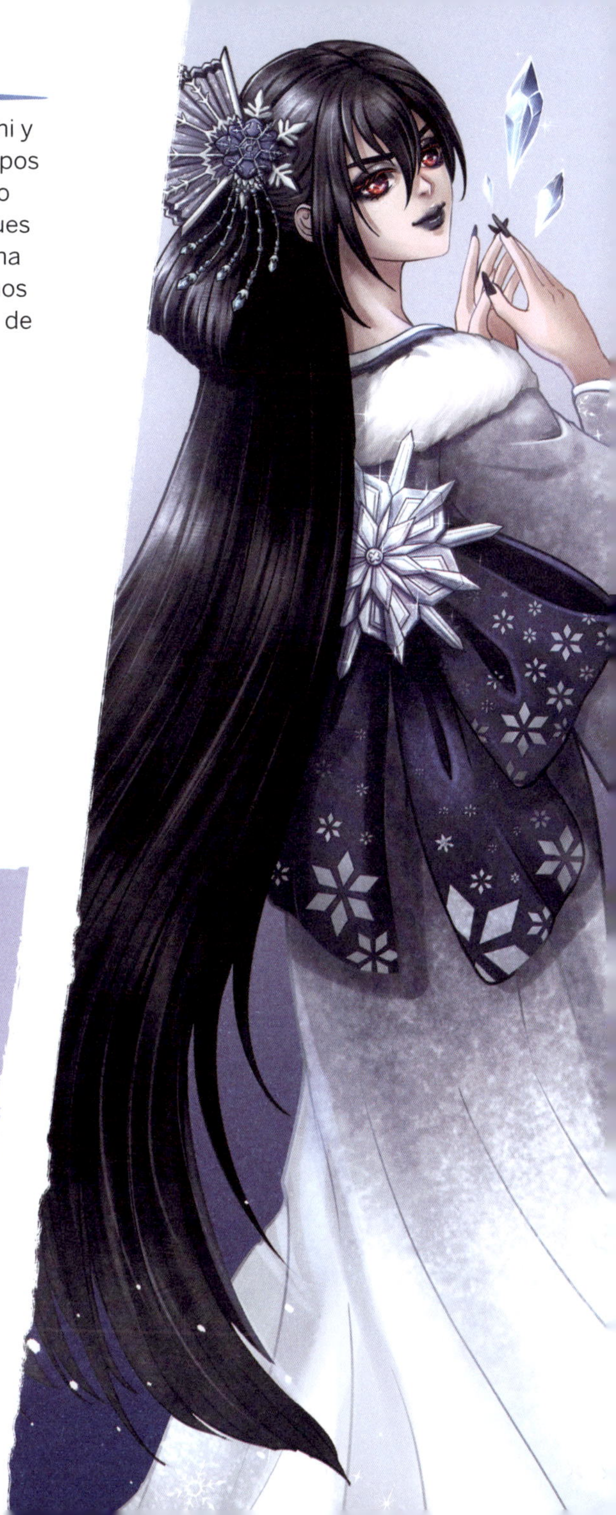

ZOMBI

Con una figura hueca, ropas rasgadas y un rostro inquietante, este horripilante zombi está listo para cazar a sus víctimas vivas. ¡Este personaje es todo detalles!

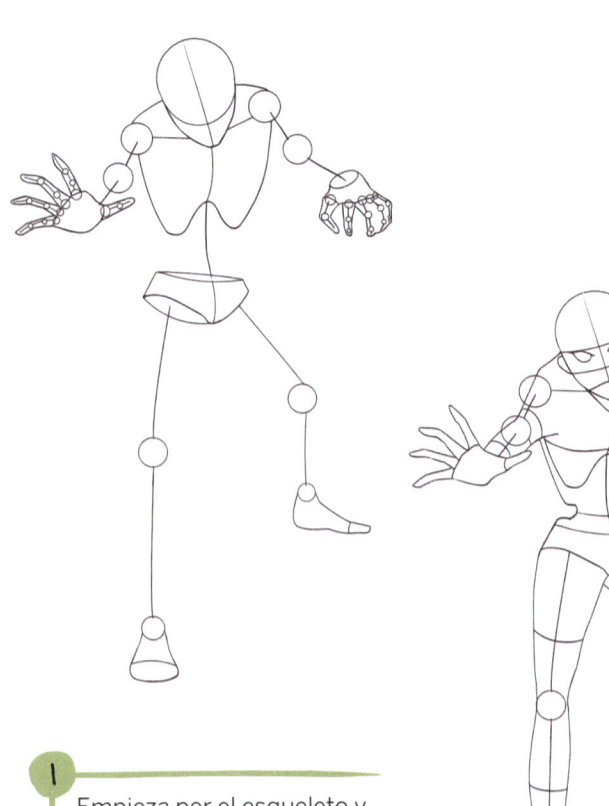

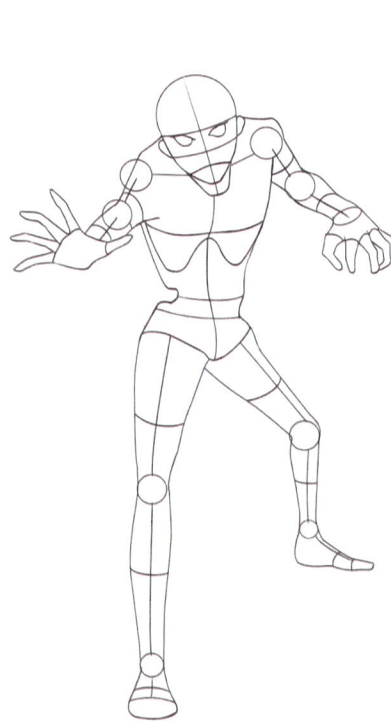

1
Empieza por el esqueleto y las articulaciones. Este zombi tiene la mano extendida, listo para atacar.

2
Determina la constitución de tu personaje. Puede estar encorvado con brazos delgados y fibrosos y un torso exangüe. Delinea los ojos.

3
Añade detalles a los dedos largos del zombi. Dibuja costillas, caderas y rótulas salientes, y perfila los pantalones. Añade una expresión amenazadora, con la boca abierta.

DETALLE EXTRA

Viste a tu zombi con harapos: empieza delineando la ropa completa, luego dibuja rasgaduras irregulares en el material y muestra el torso por debajo. Mantén los bordes irregulares y deshilachados.

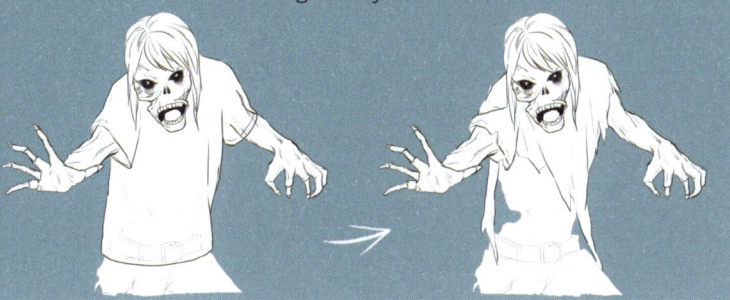

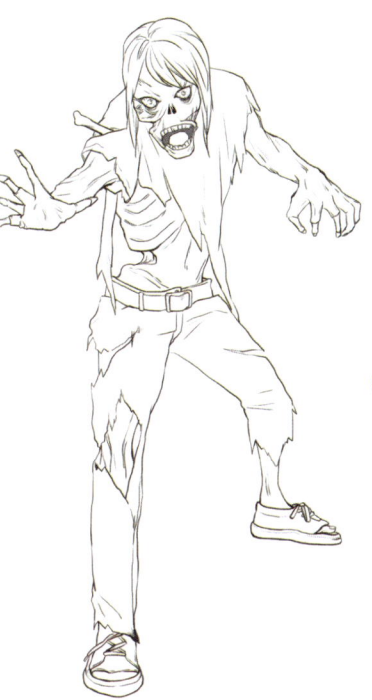

4

Dibuja la ropa y el calzado del zombi, y hazlos desgarrados y como si se estuvieran pudriendo para mostrar degradación. Termina los rasgos faciales y el pelo.

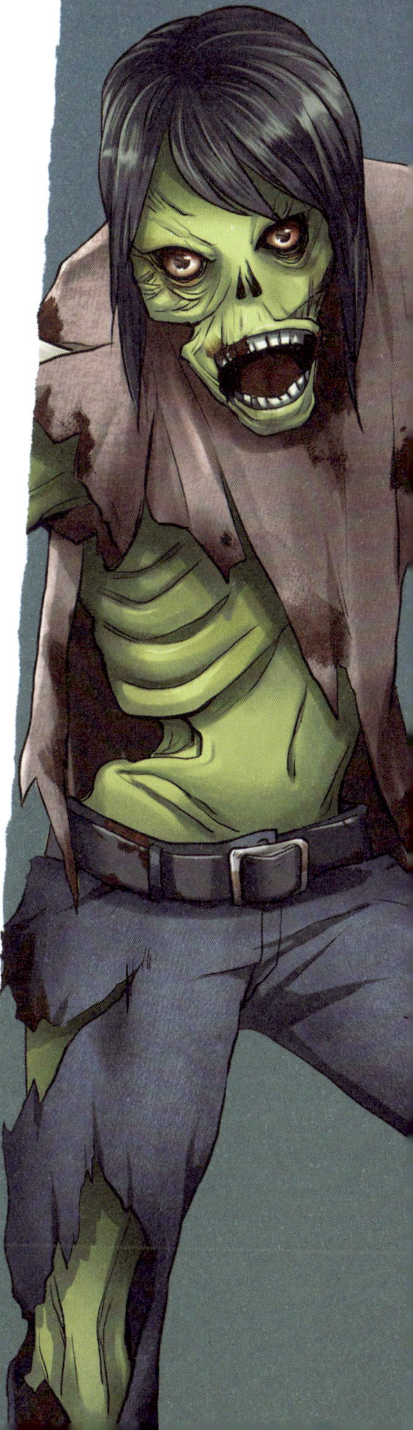

CABALLERO VAMPIRO

Este caballero con espada es valiente y viste de forma impecable.
Cuando termines de dibujarlo, todo el reino hablará de él.

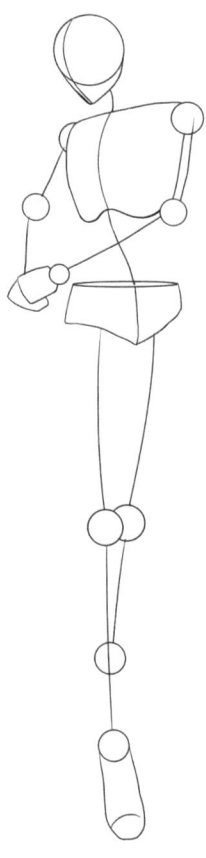

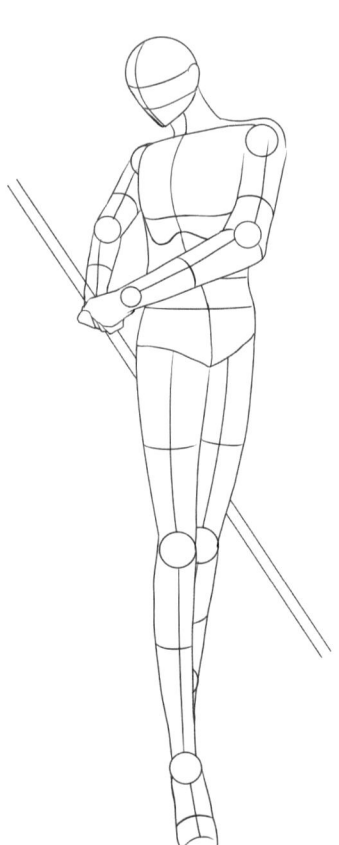

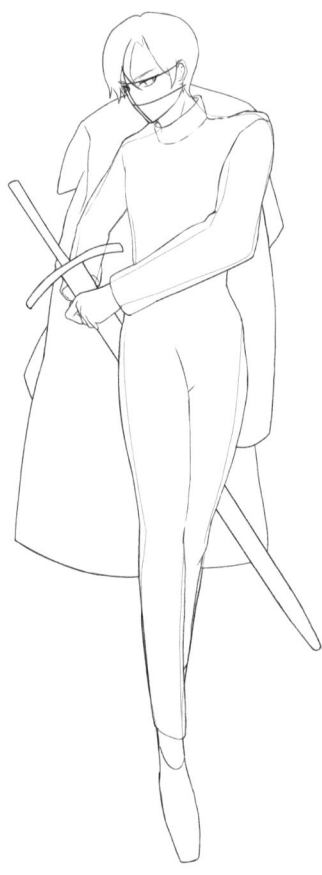

1 Esboza el esqueleto y las articulaciones. Este caballero está inclinado hacia un lado, como si estuviera a punto de desenvainar la espada.

2 Dibuja un cuerpo alto y delgado. Esboza el contorno de una espada que cruce por detrás de su cuerpo.

3 Perfila el pelo, los ojos y u atuendo sofisticado, inclu una capa colgada del hom Añade una forma básica espada.

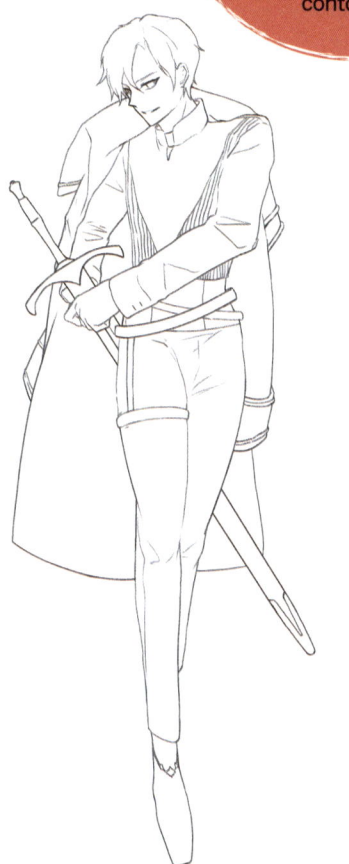

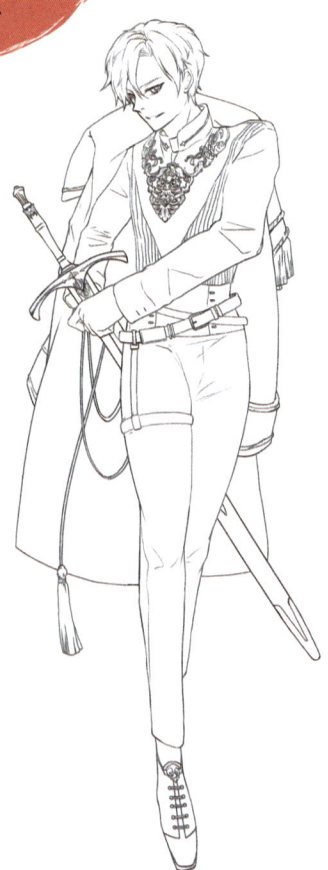

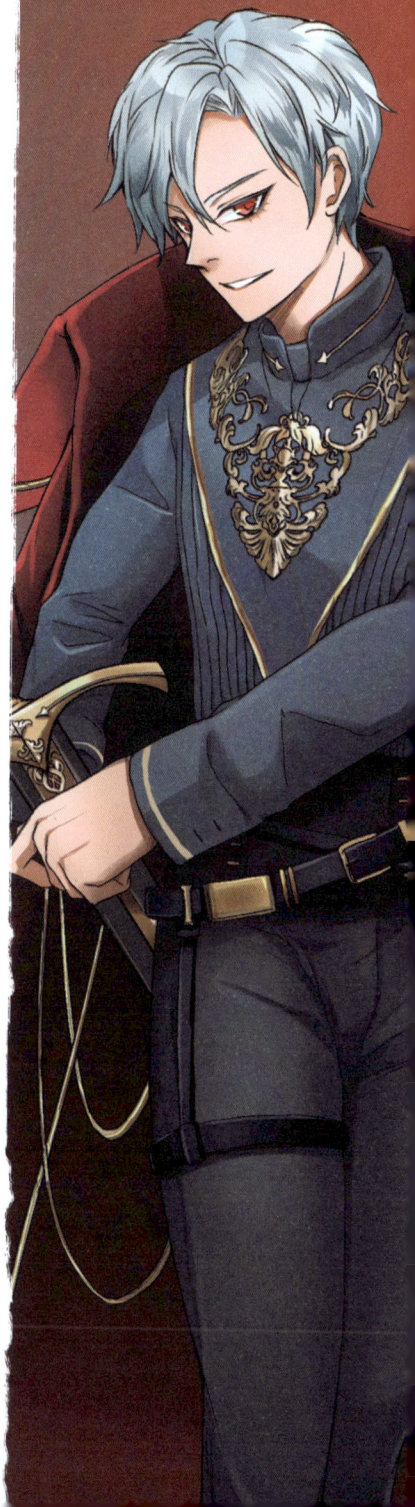

4

Sigue trabajando en la cara, el pelo, el arma y la ropa. Un peinado alborotado puede combinar con su actitud despreocupada.

5

Añade más detalles. El chaleco decorado y el intrincado bordado de la camisa del caballero aportan carácter.

ROBOT MECHA

Un mecha es un robot o máquina gigante. Puede ser de cualquier tamaño y estilo, pero suele ser mucho más grande y fuerte que un humano.
Dale una oportunidad a esta formidable creación.

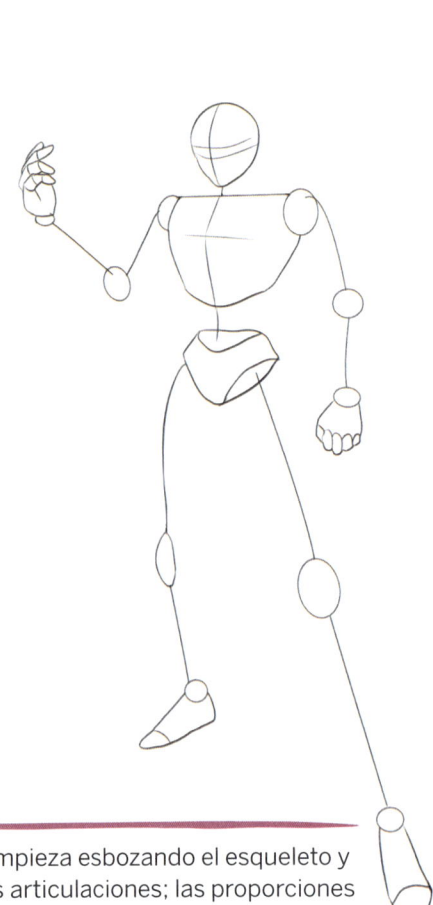

1 Empieza esbozando el esqueleto y las articulaciones; las proporciones son similares a las de una figura humana.

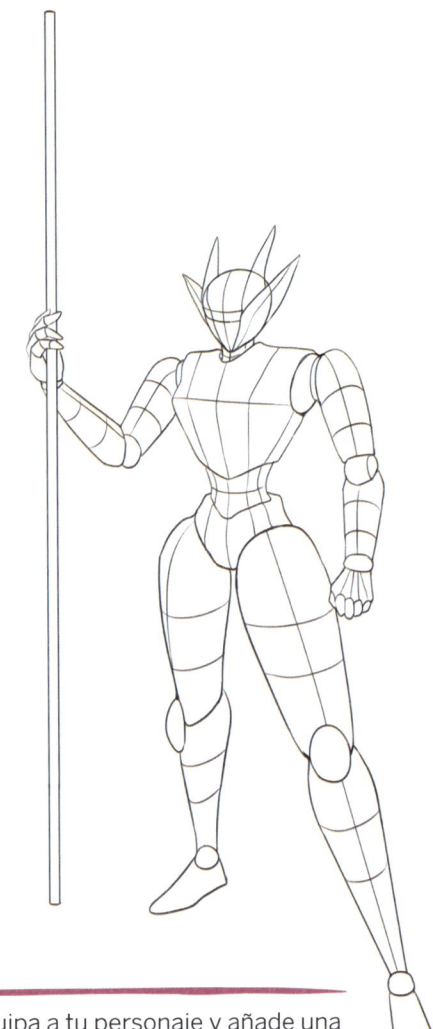

2 Equipa a tu personaje y añade una lanza básica. Su constitución puede ser exagerada, con el pecho y los hombros muy anchos, y la cintura, estrecha.

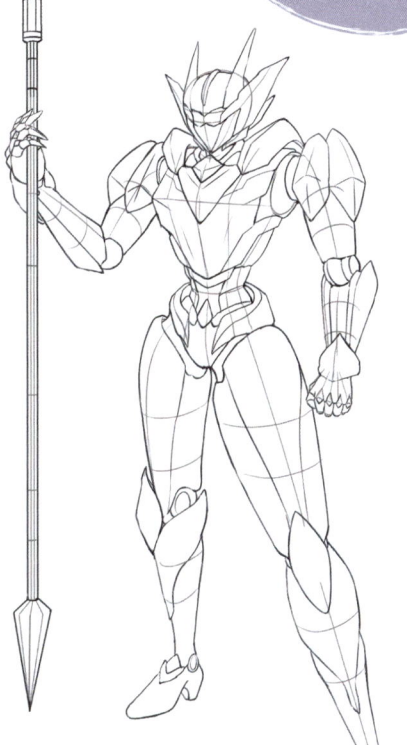

3

Las extremidades, el torso y la
cabeza están hechos de piezas
mecánicas separadas, que se
unen en las articulaciones. Añade
detalles a la armadura y trabaja la
lanza.

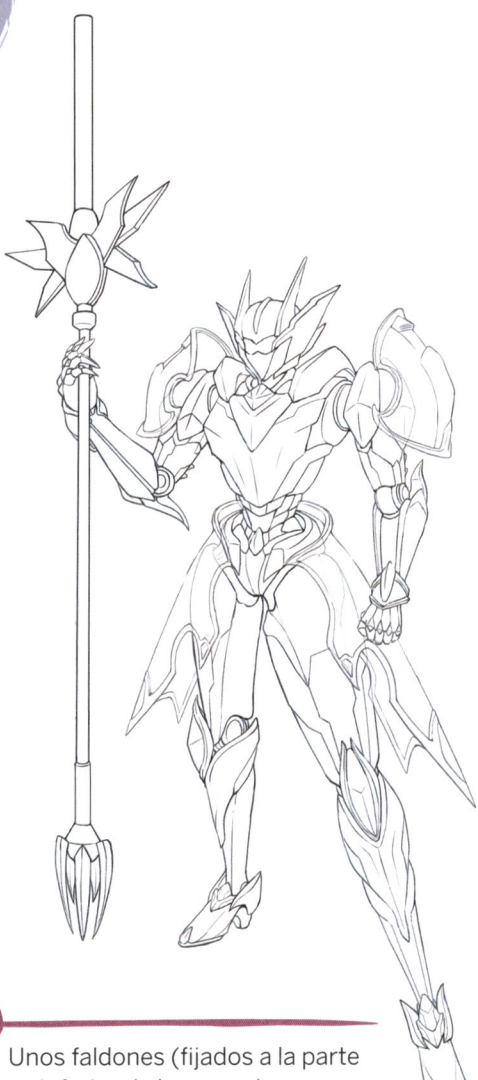

4

Unos faldones (fijados a la parte
inferior de la coraza), unas
hombreras y unos codos y tobillos
afilados darán a tu personaje un
aspecto intimidatorio.

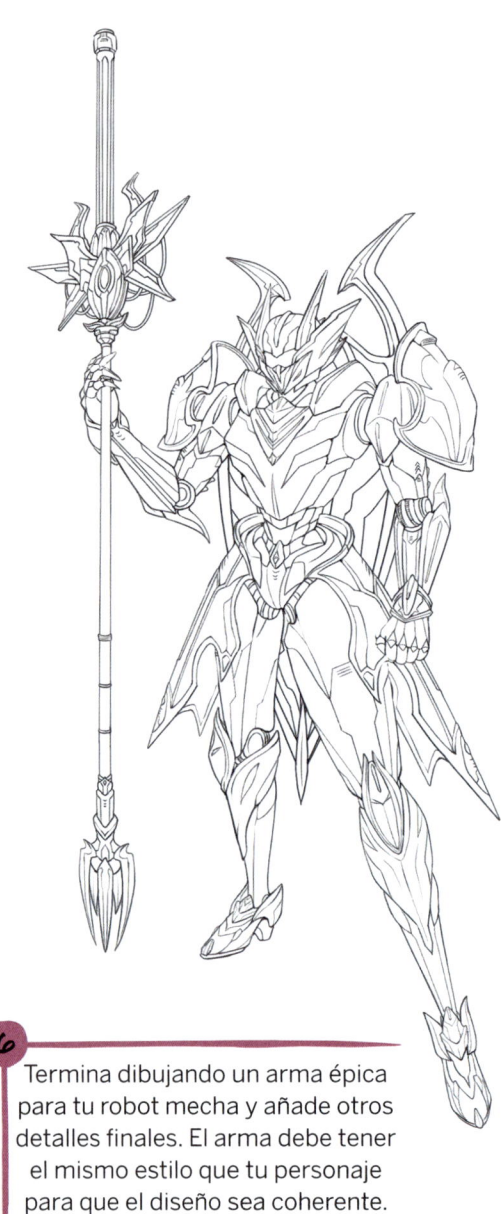

6

Termina dibujando un arma épica para tu robot mecha y añade otros detalles finales. El arma debe tener el mismo estilo que tu personaje para que el diseño sea coherente.

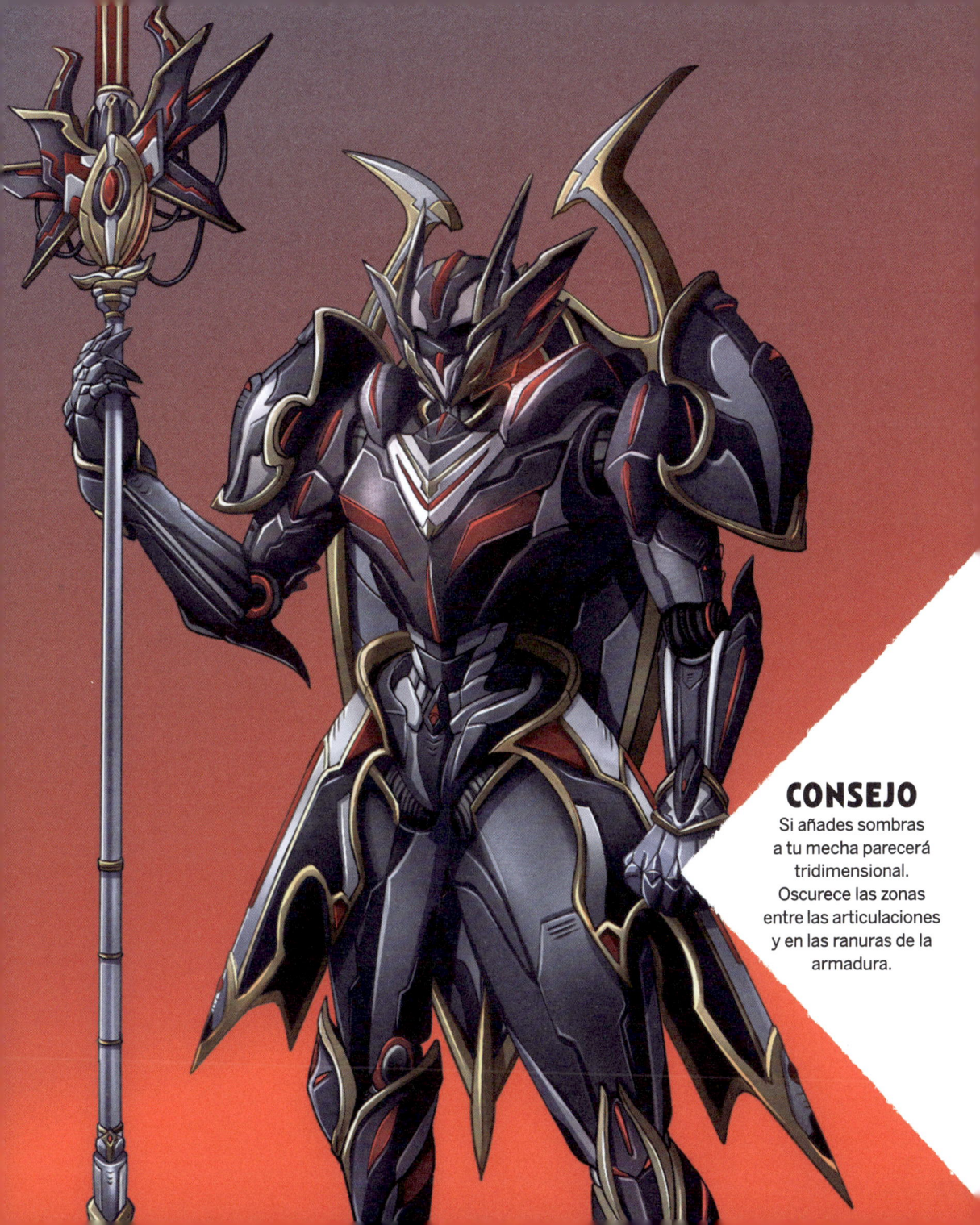

CONSEJO

Si añades sombras a tu mecha parecerá tridimensional. Oscurece las zonas entre las articulaciones y en las ranuras de la armadura.

PRINCESA FANTASMA

En el manga, la mezcla de lo espeluznante y lo tierno es algo muy popular. Esta princesa fantasma tiene la cabeza y los ojos agrandados para hacerla parecer más adorable.

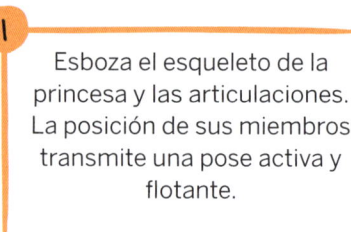

1 Esboza el esqueleto de la princesa y las articulaciones. La posición de sus miembros transmite una pose activa y flotante.

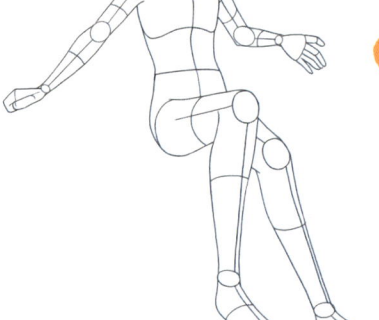

2 Desarrolla la complexión del personaje siguiendo las guías. Esboza los ojos y no temas hacerlos grandes.

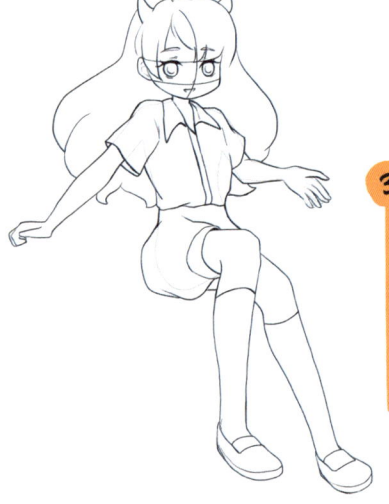

3 Desarrolla el rostro y añade las pestañas y reflejos en los ojos. Esboza un peinado con el pelo largo y suelto y añade pequeños cuernos. Perfila la ropa.

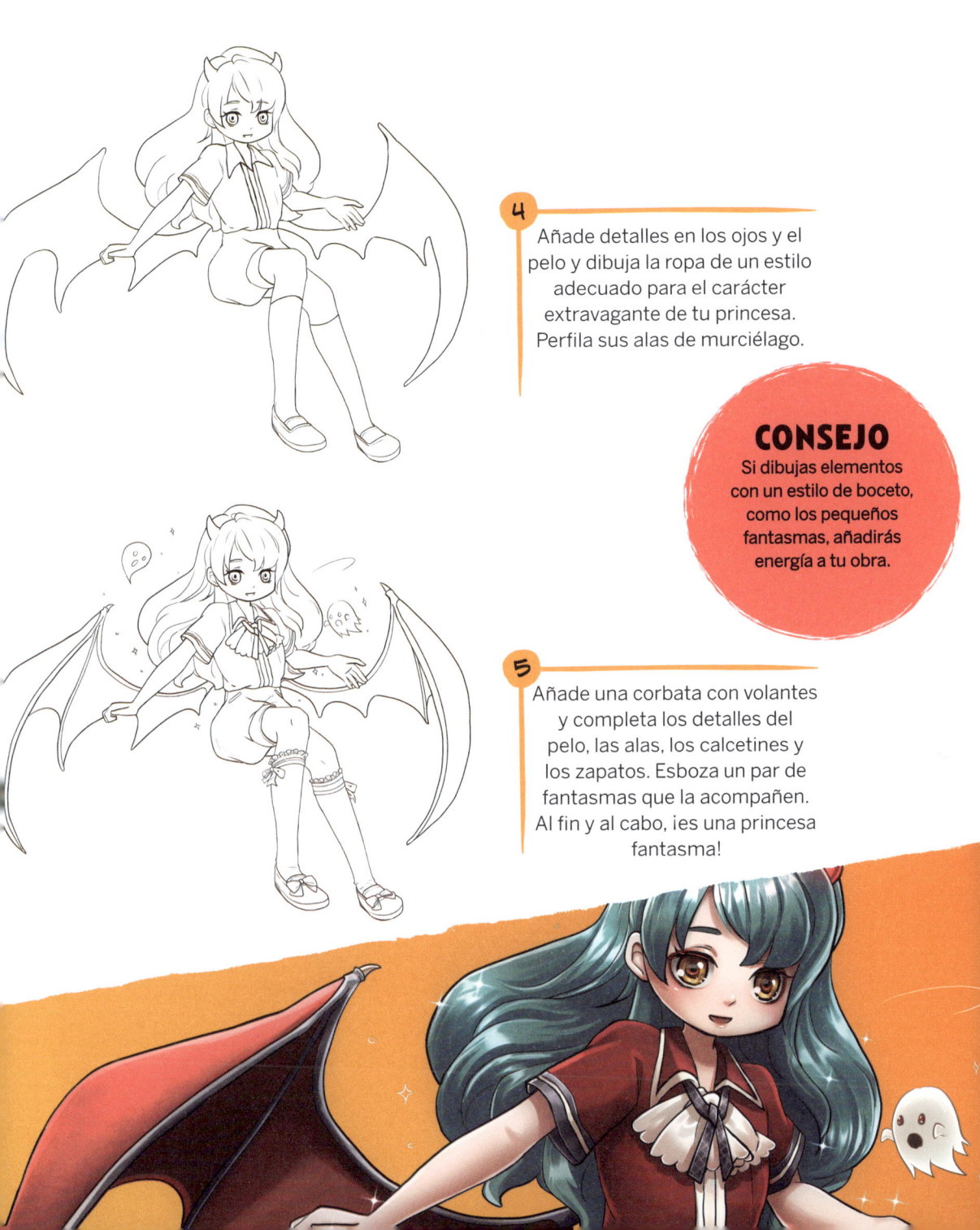

4

Añade detalles en los ojos y el pelo y dibuja la ropa de un estilo adecuado para el carácter extravagante de tu princesa. Perfila sus alas de murciélago.

CONSEJO

Si dibujas elementos con un estilo de boceto, como los pequeños fantasmas, añadirás energía a tu obra.

5

Añade una corbata con volantes y completa los detalles del pelo, las alas, los calcetines y los zapatos. Esboza un par de fantasmas que la acompañen. Al fin y al cabo, ¡es una princesa fantasma!

CAZADORES DE DEMONIOS

Los cazadores de demonios son guerreros increíbles que pueden especializarse en combate, artes marciales o magia. Este personaje utiliza amuletos y talismanes, lo que revela sus habilidades mágicas.

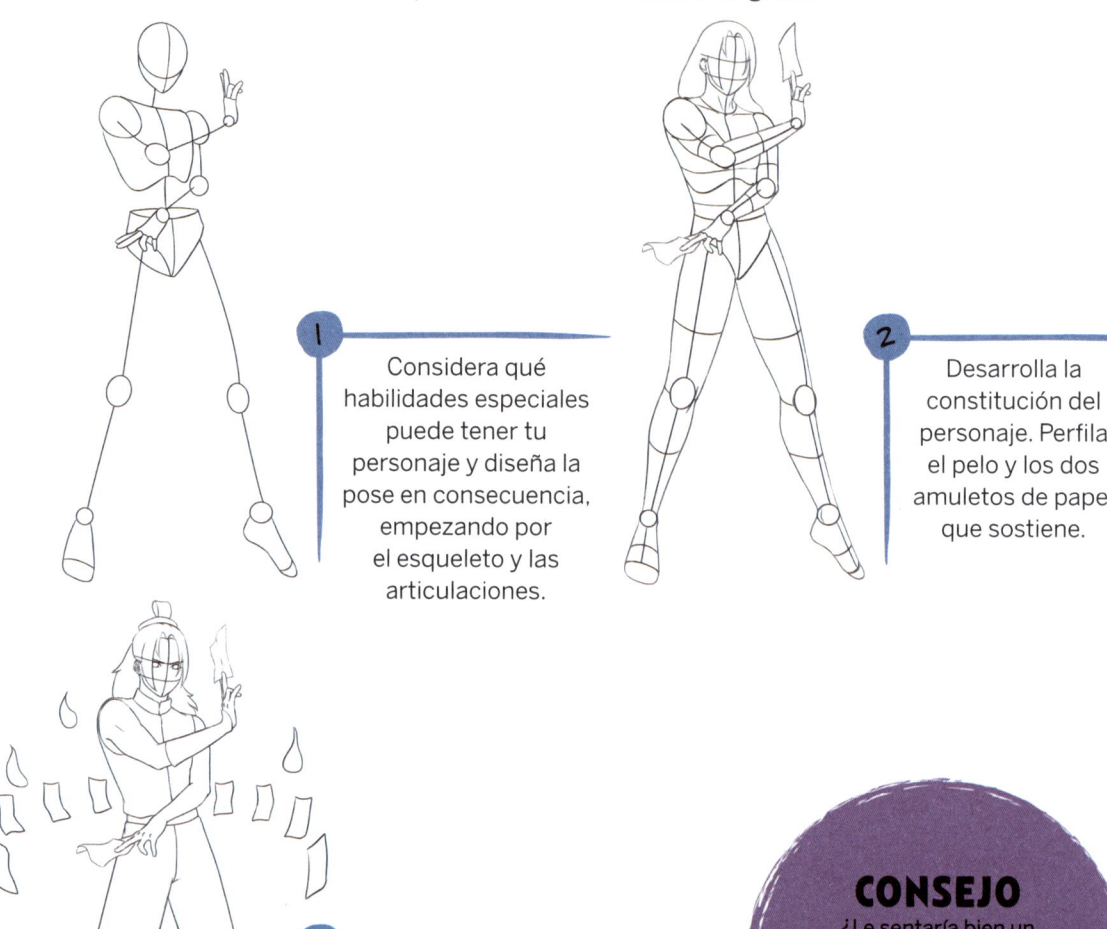

1 Considera qué habilidades especiales puede tener tu personaje y diseña la pose en consecuencia, empezando por el esqueleto y las articulaciones.

2 Desarrolla la constitución del personaje. Perfila el pelo y los dos amuletos de papel que sostiene.

3 Esboza la ropa que lleva debajo, y mantén la silueta simple antes de añadir más detalles. Dibuja los ojos y amuletos flotantes y talismanes a su alrededor.

CONSEJO
¿Le sentaría bien un tatuaje a tu cazador de demonios? Decóralo como quieras, utilizando diseños de tatuajes y patrones para inspirarte.

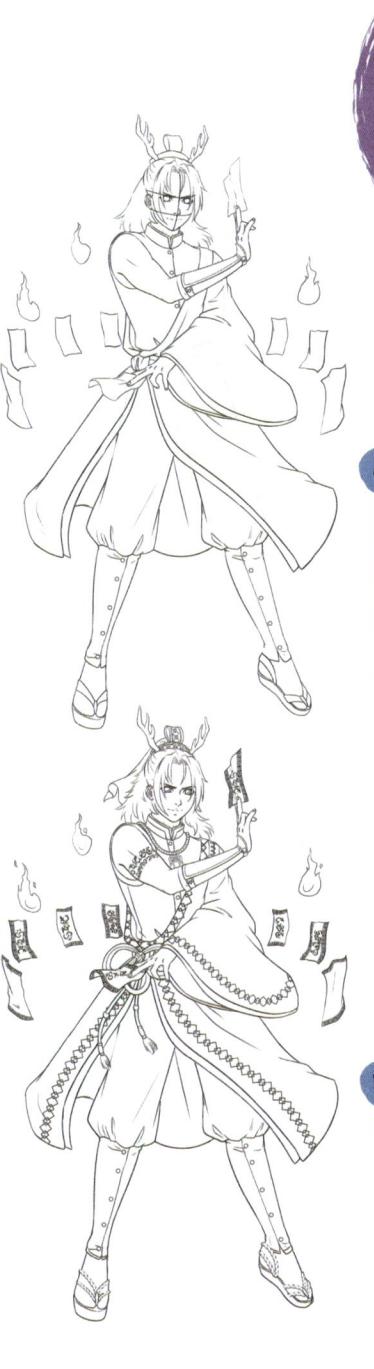

4

Desarrolla la cara y la ropa, añadiendo túnicas onduladas y algún elemento en la cabeza. El de este personaje contiene detalles de un sacerdote sintoísta y los cuernos de un kirin (criatura mítica con pezuñas).

5

Termina añadiendo joyas y abalorios. Dibuja detalles en los amuletos de papel y añade costuras a la capa. Completa los rasgos faciales y los ojos.

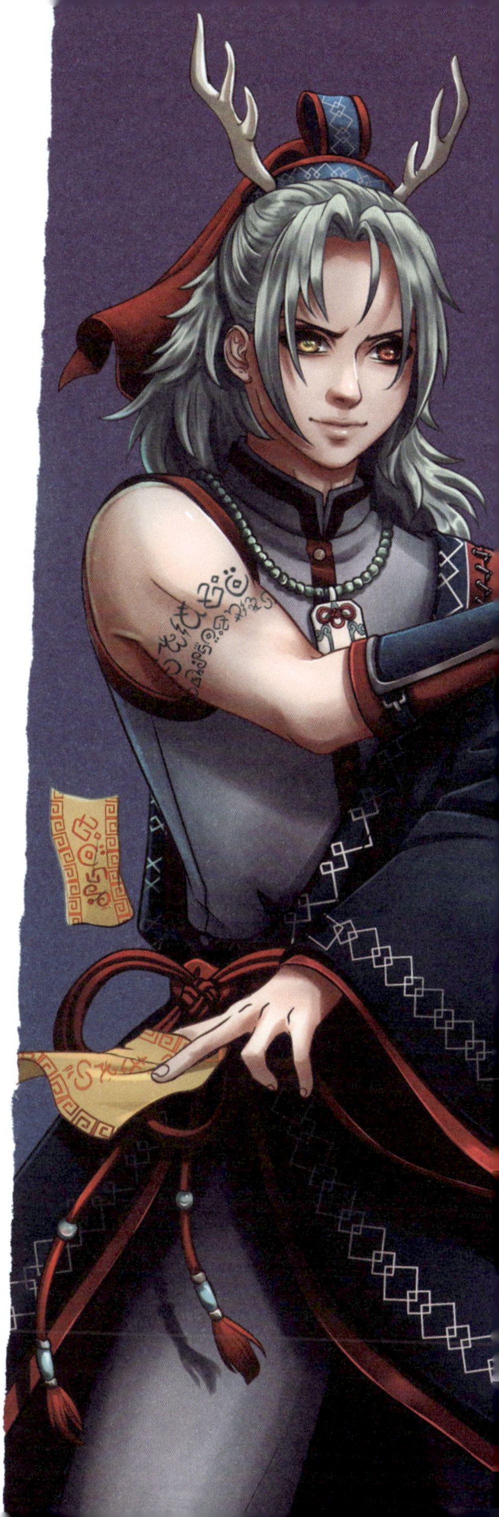

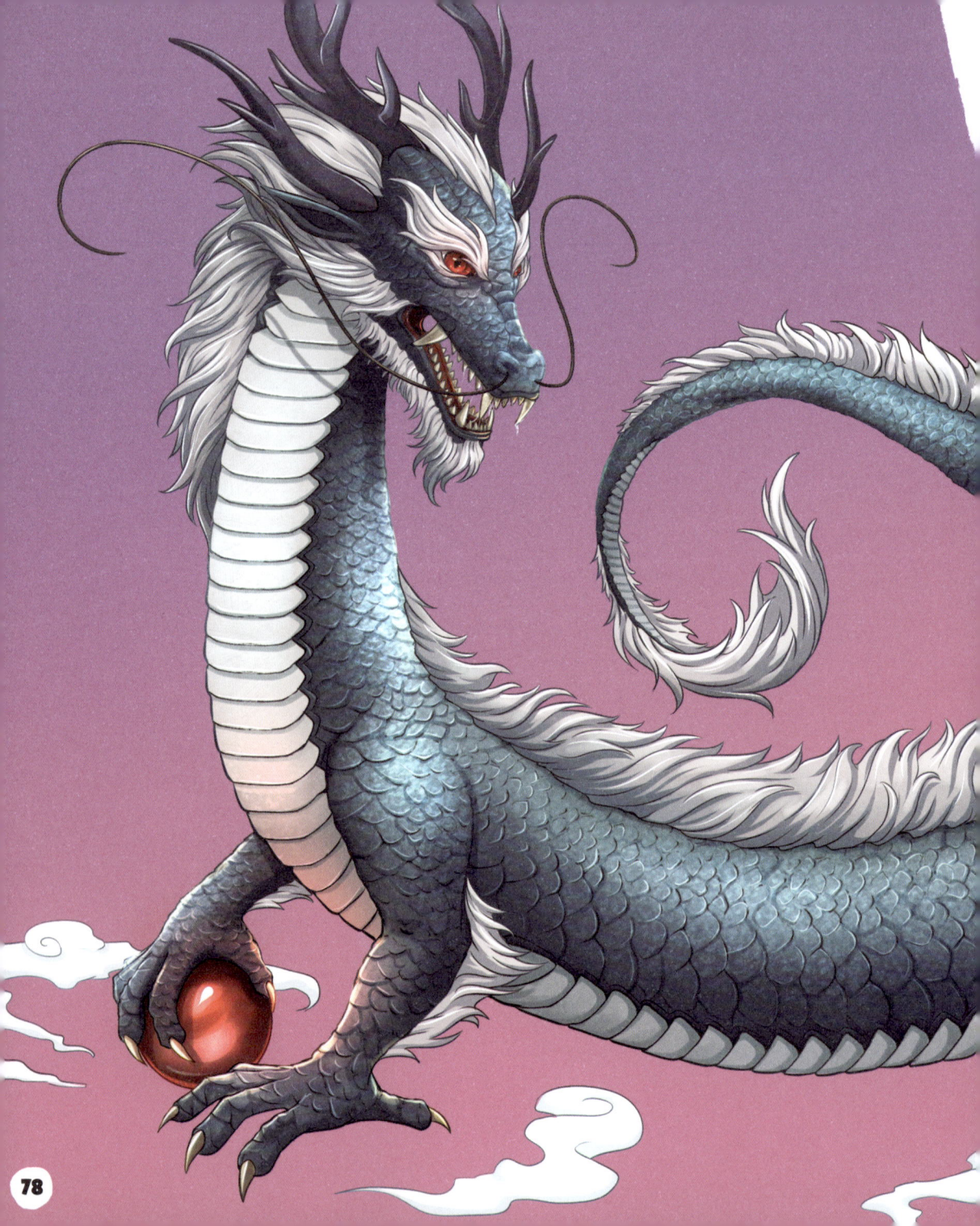

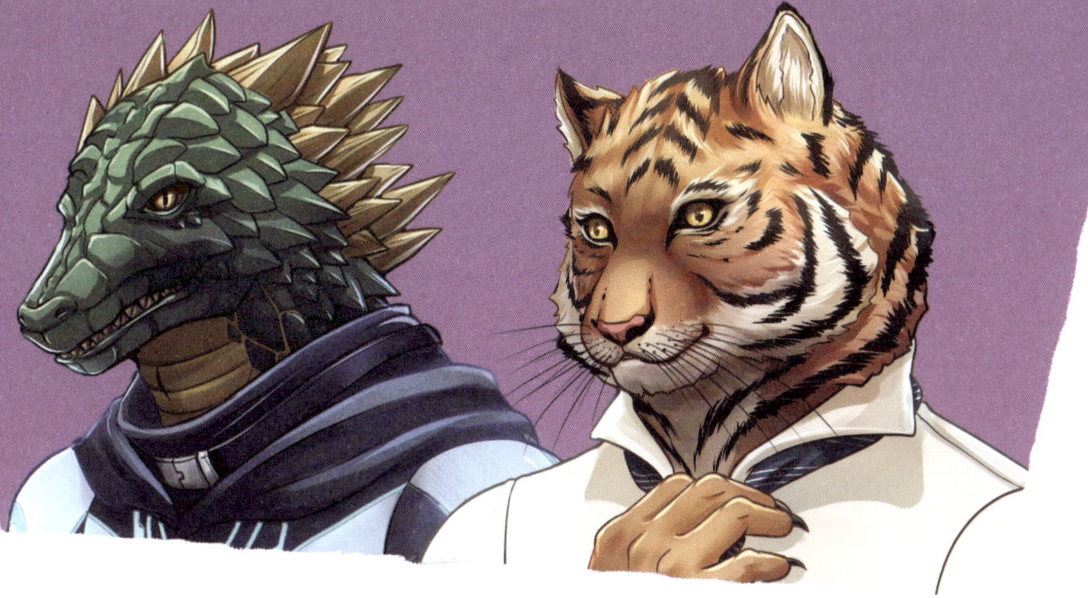

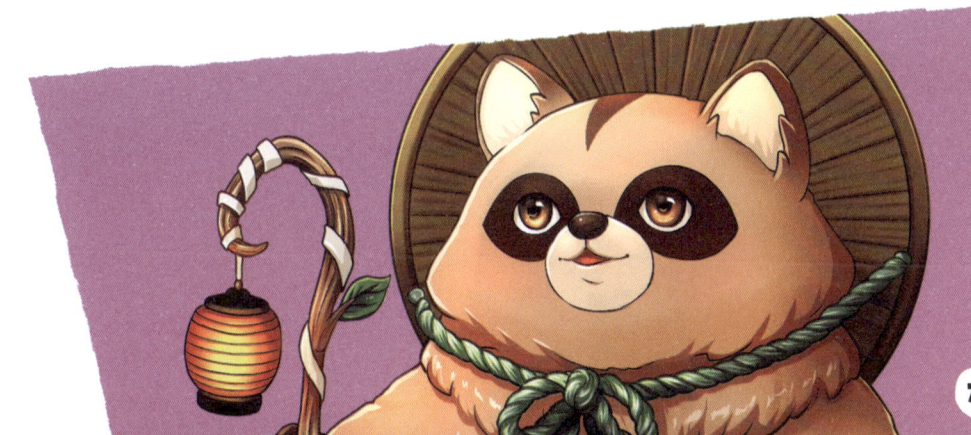

MONSTRUOS, ANIMALES Y ANTROPOMÓRFICOS

Explora lo extraño, lo salvaje y lo espeluznante en este capítulo final. Descubre las diferencias entre la anatomía humana y la animal, y dibuja criaturas folclóricas, dragones y creaciones antropomórficas. Lleva tus dibujos un paso más allá concibiendo fondos para tus personajes.

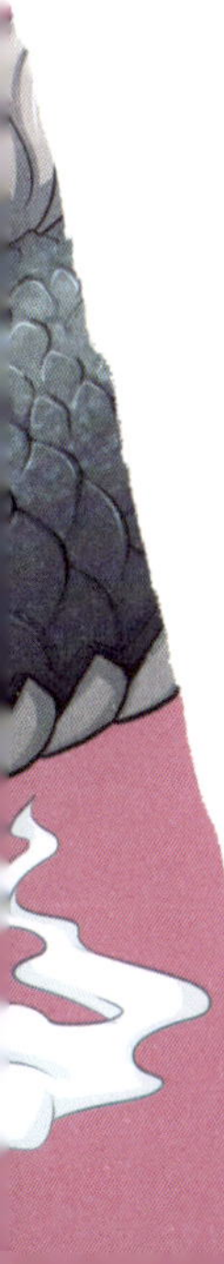

TANUKI Y KITSUNE

El tanuki y el kitsune son criaturas del folclore japonés que cautivan corazones. El kitsune tiene aspecto de zorro, con cinco o nueve colas, y se cree que es bastante astuto. El tanuki se basa en el perro mapache japonés y se considera descarado y alegre.

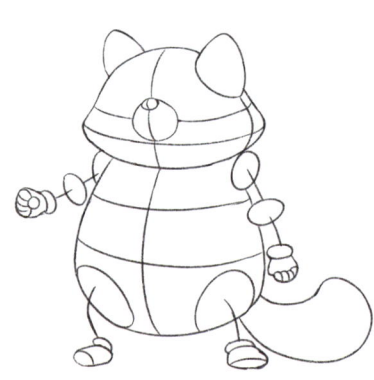

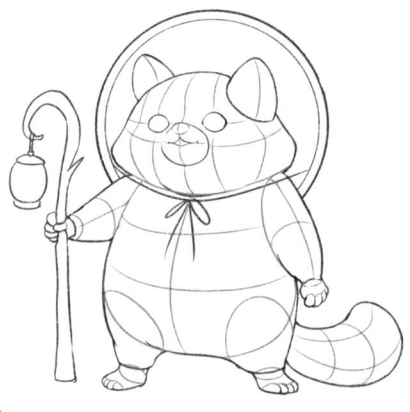

1
Este tanuki es bípedo (camina sobre dos patas). Su cuerpo tiene forma ovalada y la cabeza parece un círculo aplastado. Dibuja las orejas, las extremidades y la cola.

2
Construye la forma de tu personaje. Piensa en el cuerpo como una esfera 3D en lugar de una forma 2D. Mantén las líneas curvas para que la figura del tanuki parezca llena. Añade un bastón, una jarra de sake y el emblemátic sombrero de caparazón de tortuga.

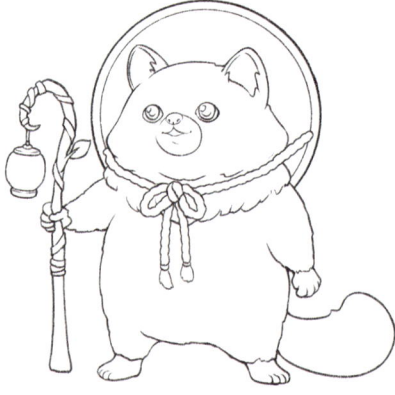

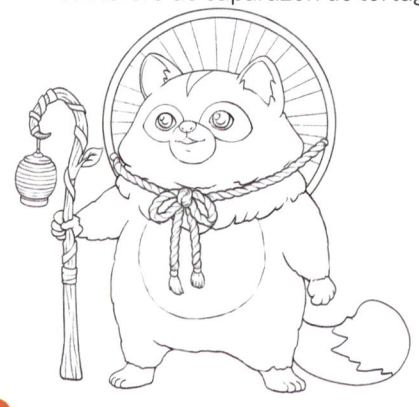

3
Añade detalles al bastón y a la jarra de sake. Desarrolla el cuerpo con mechones de pelo y unas patas pequeñas. Trabaja en los detalles de la cara.

4
Dibuja algunos patrones alrededor de los ojos, el vientre, la cola y la frente de tu tanuki, y completa los detalles del sombrero, la jarra y el bastón.

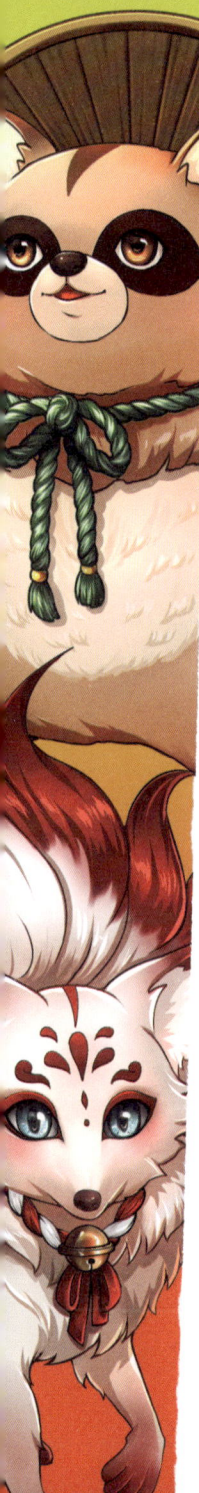

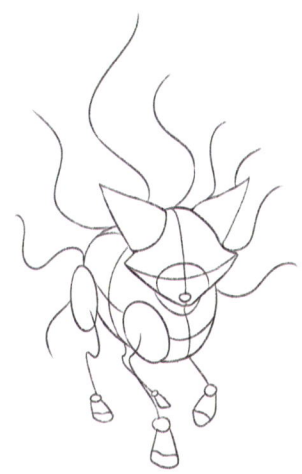

1

Los kitsunes, como los zorros, son cuadrúpedos, es decir, caminan sobre cuatro patas. La cara tiene forma de diamante con orejas puntiagudas y el cuerpo es redondeado.

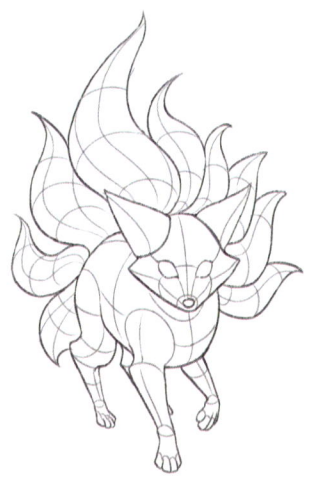

2

Desarrolla la forma redondeada y ágil de tu personaje. Las guías deben ser curvadas para dar profundidad al dibujo. Esboza los ojos, las orejas, las patas y las nueve colas.

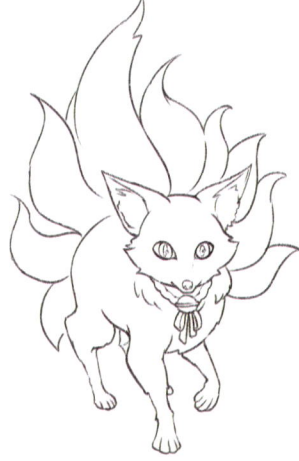

3

Añade detalles a la cara y mechones de pelo alrededor de las orejas y el cuello. En algunas leyendas, el kitsune lleva un collar asociado a los trece elementos de la mitología japonesa.

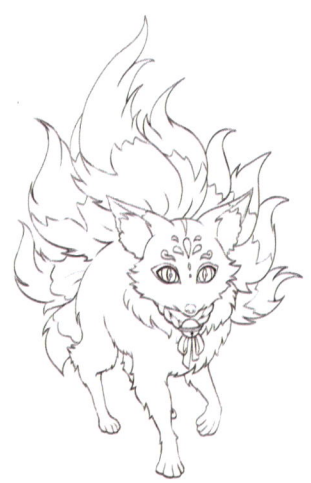

4

Termina añadiendo algunos patrones al pelaje en la frente del kitsune. Incluye detalles en las puntas de las orejas y la cola.

HOMBRE LOBO

Cuenta la leyenda que los hombres lobo son humanos que se transforman en temibles lobos con la luna llena. Puedes ayudarte de imágenes de referencia de lobos para estudiar la anatomía de la cabeza.

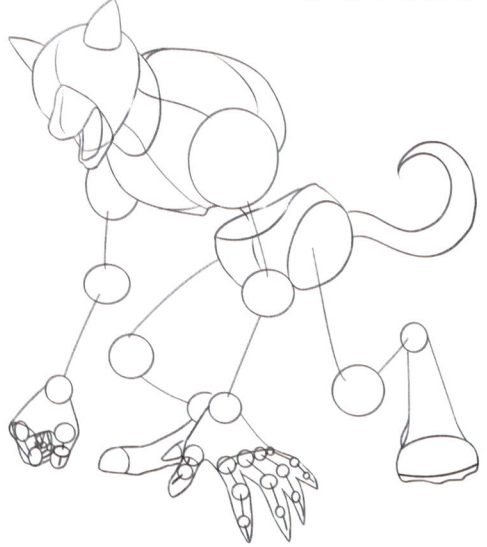

1

Primero, esboza el esqueleto y las articulaciones. Este hombre lobo está encorvado y gruñe por el esfuerzo físico de su transformación.

CONSEJO

¿Por qué no añadir un fondo con una luna llena brillando sobre un bosque de árboles oscuros para aumentar el efecto inquietante?

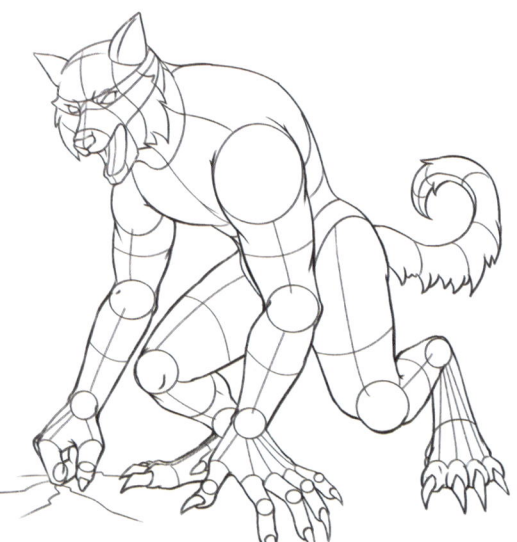

2

Este personaje tiene una complexión robusta y musculosa. Su cabeza es de lobo, pero los brazos, las piernas y el torso son similares a los de un humano. Sus pies y manos son largos y tienen garras.

3

Desarrolla los rasgos faciales y dale una expresión feroz. Añade mechones de pelo alrededor de las orejas, la cabeza y la cola. El pelaje corto del cuerpo deja entrever su musculatura. Añade algunas grietas en el suelo.

4

Añade cejas, bigotes y dientes, y viste a tu hombre lobo con ropa rasgada. Los efectos especiales, como grietas en el suelo y una gran nube de polvo, realzan el dramatismo.

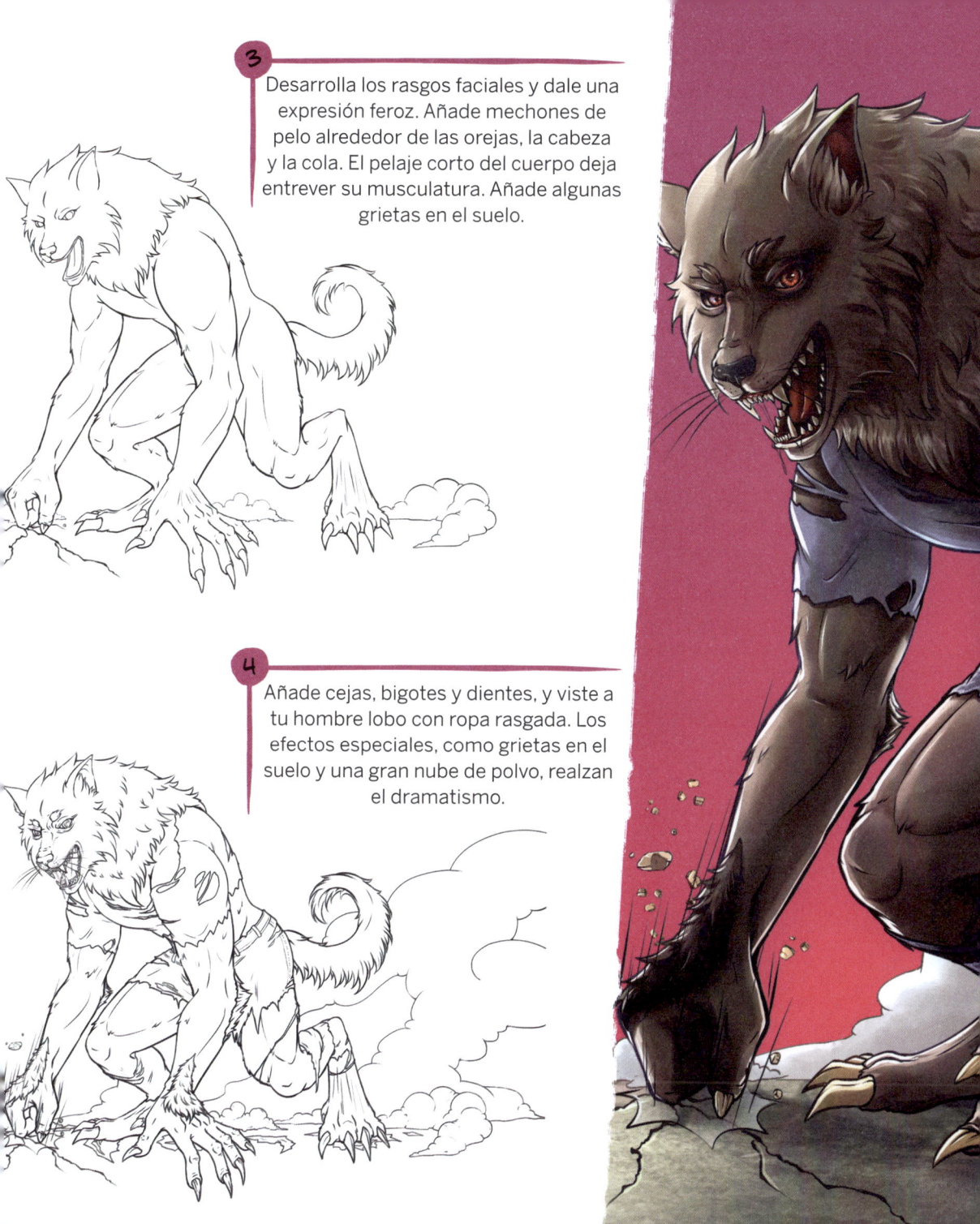

DRAGÓN ORIENTAL

Los dragones chinos se consideran símbolos de buena suerte y fuerza. A diferencia de los dragones occidentales, tienen cuerpos largos y serpentinos y pueden volar, pero no se representan con alas. Este dragón lleva una perla en la garra, que simboliza la sabiduría.

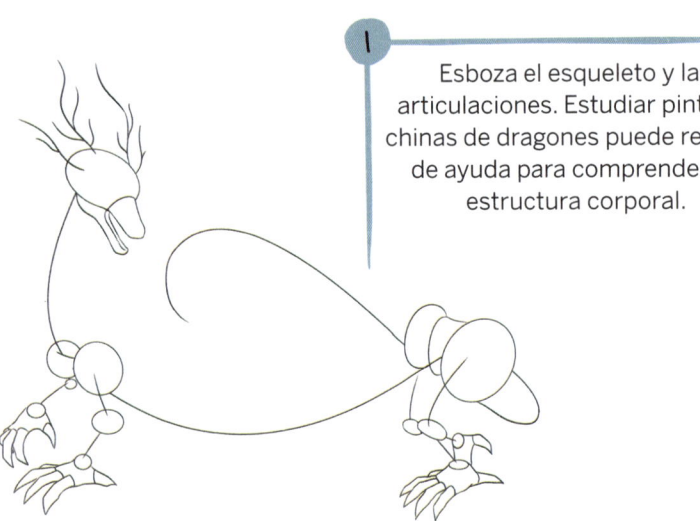

1

Esboza el esqueleto y las articulaciones. Estudiar pinturas chinas de dragones puede resultar de ayuda para comprender su estructura corporal.

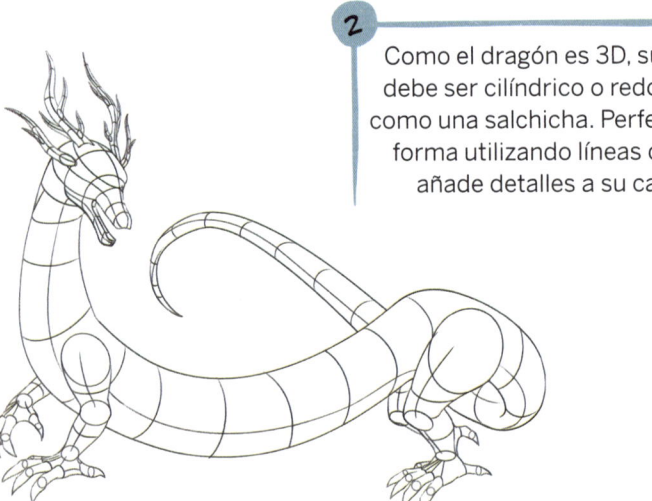

2

Como el dragón es 3D, su cuerpo debe ser cilíndrico o redondeado, como una salchicha. Perfecciona su forma utilizando líneas curvas y añade detalles a su cabeza.

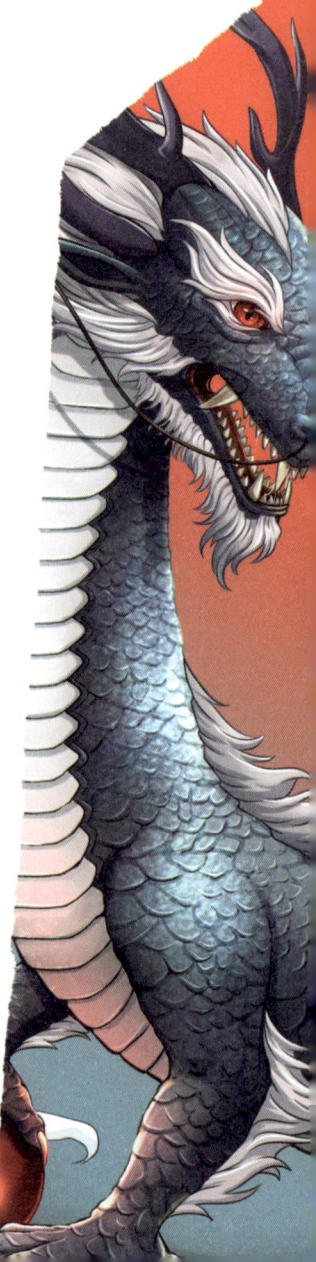

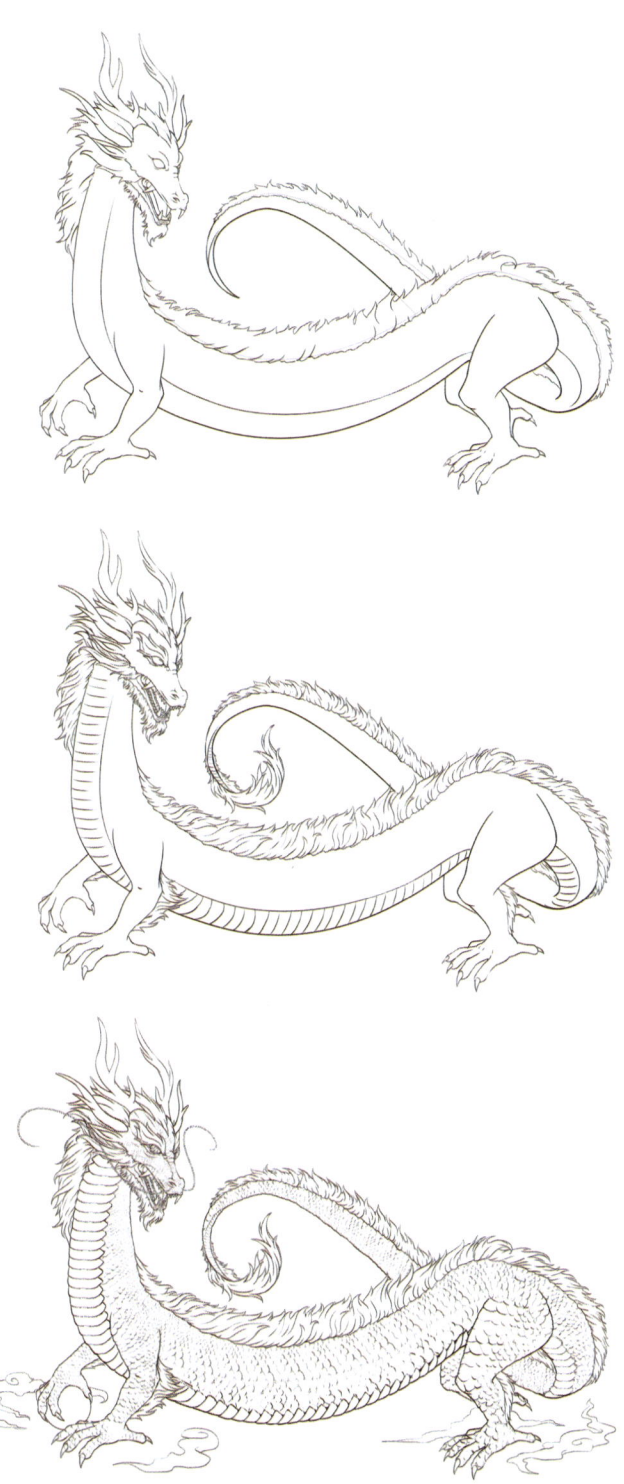

3

Añade más detalles, esbozando la cara del dragón, su espesa y lustrosa melena y sus icónicos colmillos. Los colmillos de la parte trasera de la boca se abren ligeramente hacia fuera.

4

Embellece la melena y añade unas cejas gruesas y peludas. Empieza a dibujar escamas a lo largo del cuerpo y la boca con dientes pequeños y afilados.

5

Termina las escamas, que se parecen a las de una carpa, y añade detalles a su vientre. Dibuja unos bigotes en tu dragón, una perla en la garra y unas nubes arremolinadas.

TIGRE ANTRO

Se han encontrado esculturas antiguas de hace unos cuarenta mil años que representan creaciones híbridas antropomórficas (parecidas a los humanos). Este personaje híbrido es un cruce entre un humano y un tigre.

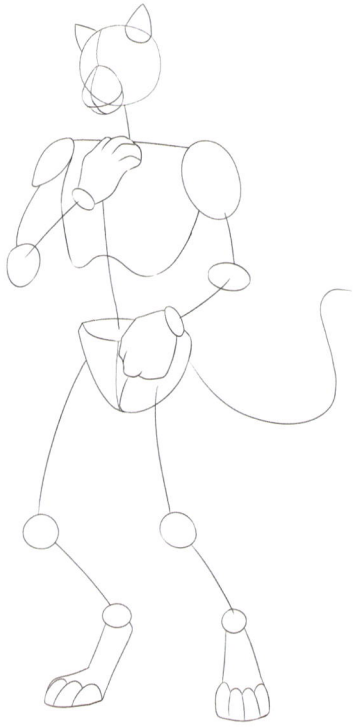 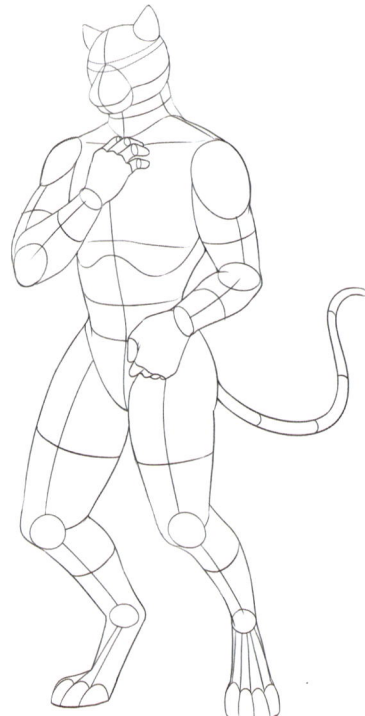 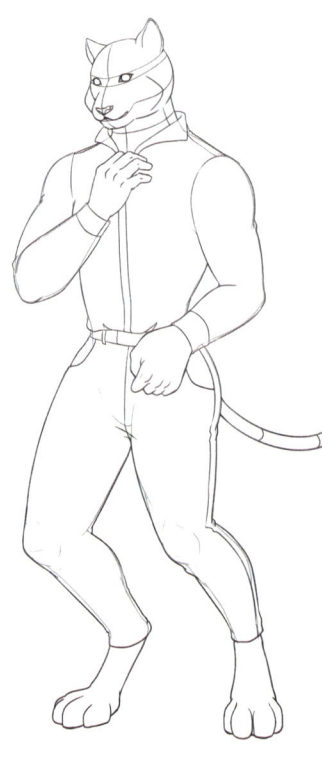

1 Empieza por el esqueleto y las articulaciones. La mitad superior del cuerpo, excluida la cabeza, es humana, mientras que las piernas y los pies son los de un tigre.

2 Desarrolla la complexión de tu personaje. Ten cuidado con las piernas; un tigre camina de puntillas con los talones levantados, a diferencia de un humano.

3 ¿Qué tipo de personaje es? Esboza la cara de tu personaje y luego añade ropa que se adapte a su estilo.

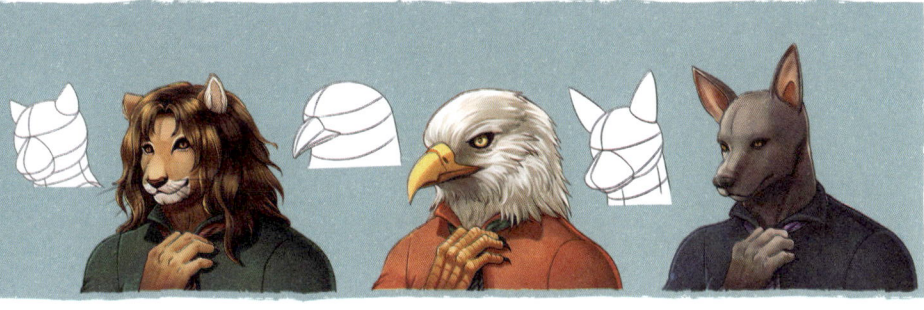

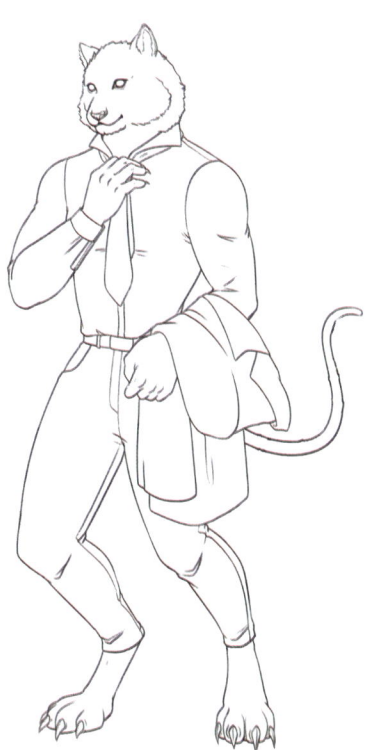

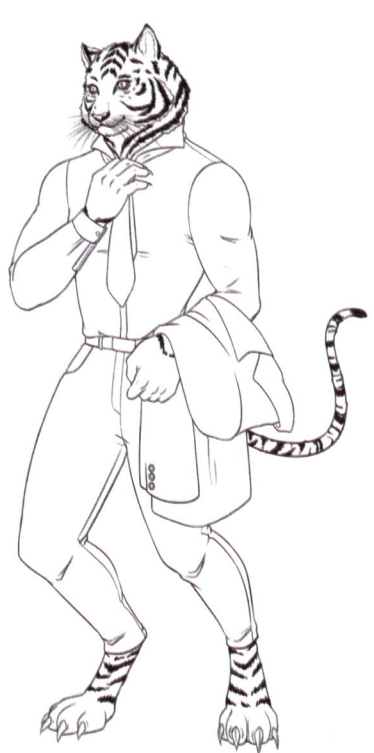

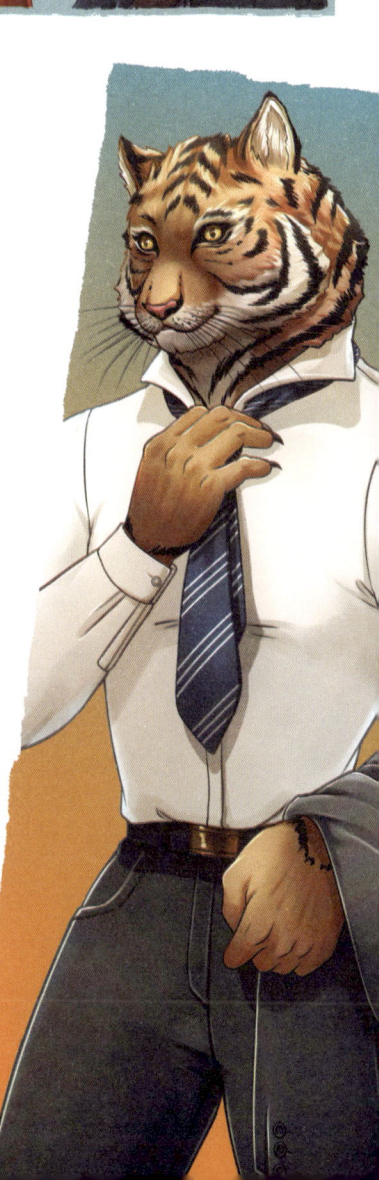

4

Sigue añadiendo detalles, como mechones de pelo, garras, una corbata y una chaqueta colgada del brazo.

5

Las rayas de este ser delatan que se trata de un híbrido humano. Ultima detalles como unos botones en los puños de la camisa. Tu personaje también puede llevar tatuajes, *piercings* o joyas.

HÍBRIDO HUMANO-MONSTRUO

Para una visión más aterradora de los híbridos humanos, intenta dibujar este monstruo humano-lagarto parecido a un "hombre lagarto". Los híbridos humano-monstruo son populares en la ciencia ficción y la fantasía.

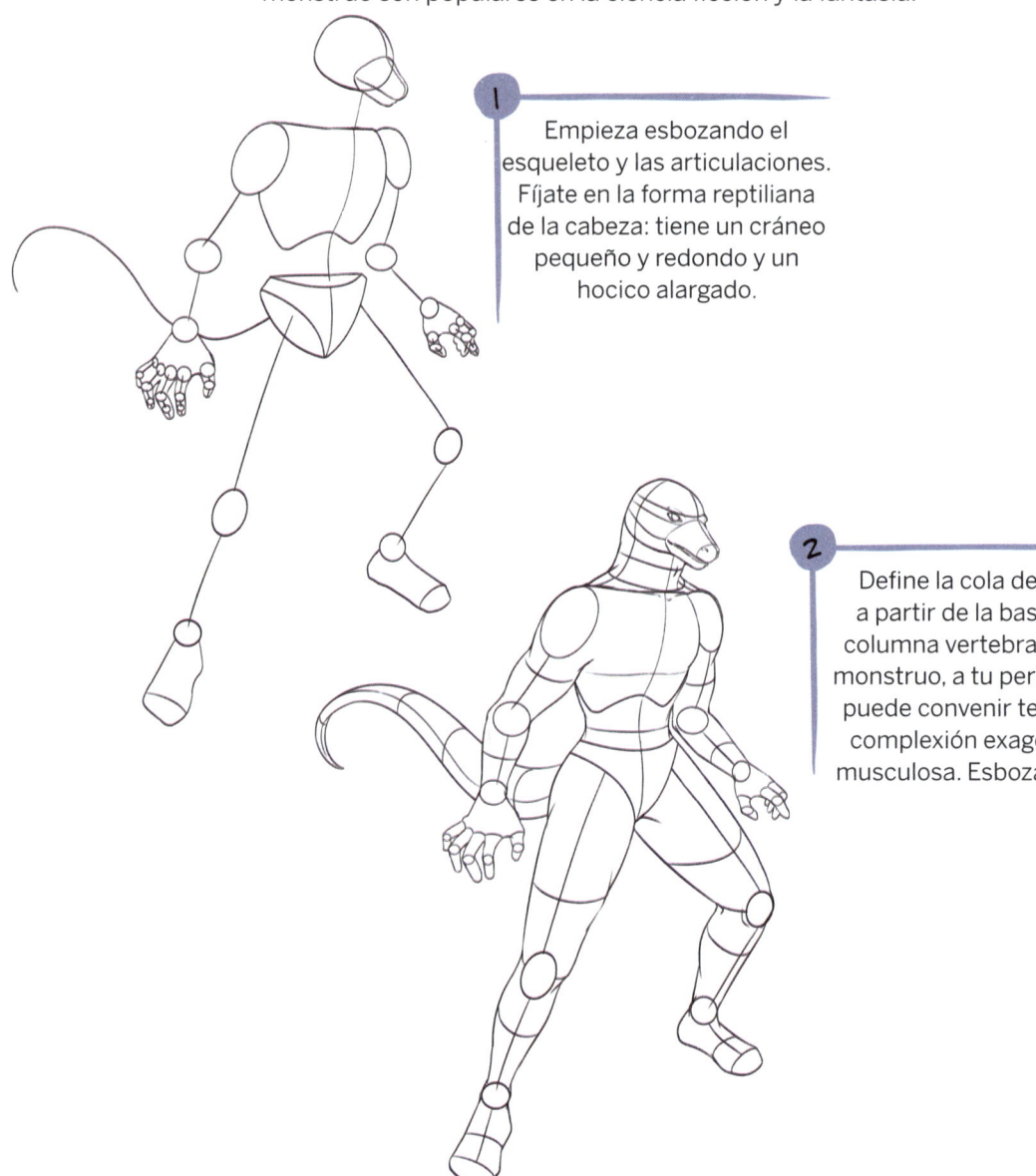

1 Empieza esbozando el esqueleto y las articulaciones. Fíjate en la forma reptiliana de la cabeza: tiene un cráneo pequeño y redondo y un hocico alargado.

2 Define la cola del reptil a partir de la base de la columna vertebral. Como monstruo, a tu personaje le puede convenir tener una complexión exagerada y musculosa. Esboza la cara.

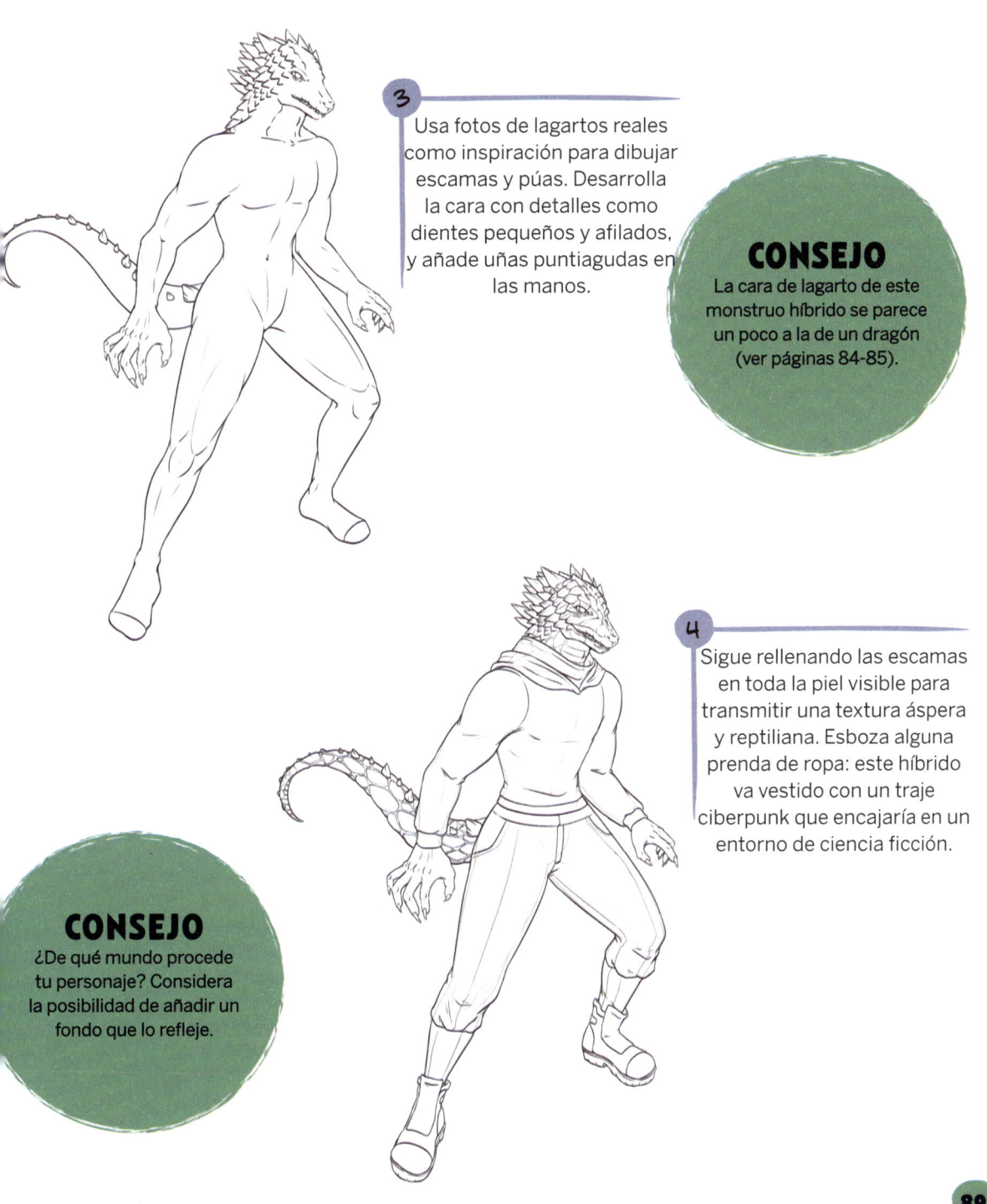

3

Usa fotos de lagartos reales como inspiración para dibujar escamas y púas. Desarrolla la cara con detalles como dientes pequeños y afilados, y añade uñas puntiagudas en las manos.

CONSEJO

La cara de lagarto de este monstruo híbrido se parece un poco a la de un dragón (ver páginas 84-85).

4

Sigue rellenando las escamas en toda la piel visible para transmitir una textura áspera y reptiliana. Esboza alguna prenda de ropa: este híbrido va vestido con un traje ciberpunk que encajaría en un entorno de ciencia ficción.

CONSEJO

¿De qué mundo procede tu personaje? Considera la posibilidad de añadir un fondo que lo refleje.

DETALLE EXTRA

La textura de la piel de tu híbrido humano-monstruo debe ser áspera y dentada. Contornea cada púa individualmente y añade sombreado a la mitad inferior de cada púa para dar profundidad 3D a la piel.

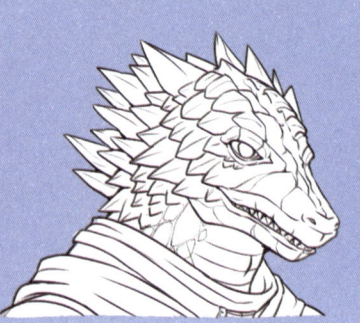

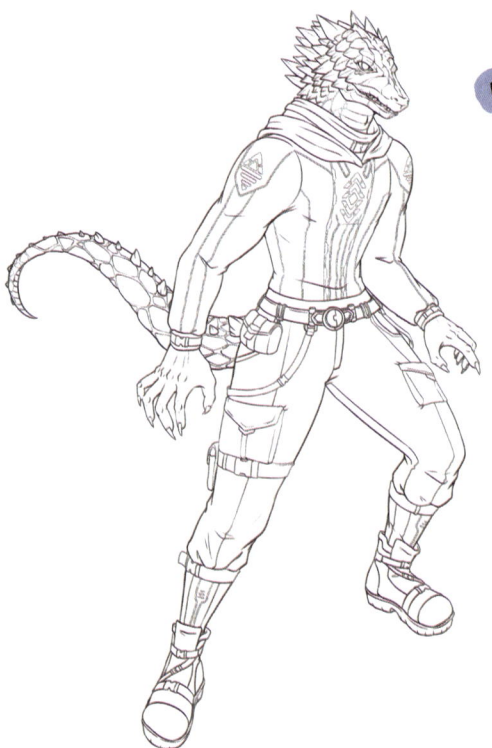

5

Los detalles intrincados le darán un estilo único a tu personaje. Este monstruo lleva ropa táctica, lo que sugiere sus habilidades de combate. ¿Qué puedes añadir para revelar más sobre tu personaje?

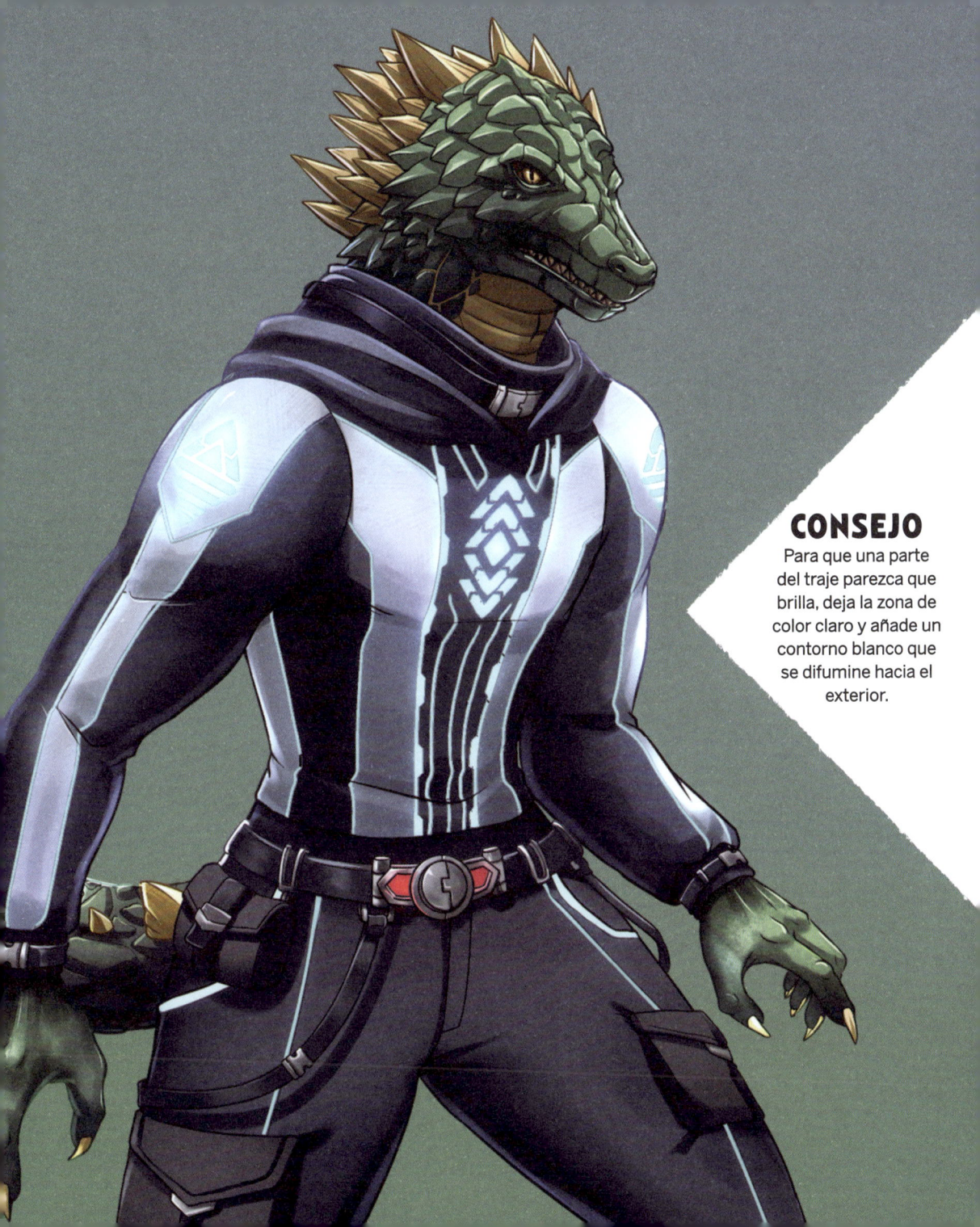

CONSEJO

Para que una parte del traje parezca que brilla, deja la zona de color claro y añade un contorno blanco que se difumine hacia el exterior.

MONSTRUO DE CIENCIA FICCIÓN

Los monstruos de ciencia ficción suelen basarse en criaturas de la vida real con proporciones exageradas y distorsionadas. Pueden inspirarse en una sola criatura o en una mezcla de animales. Prueba con este monstruoso personaje inspirado en una mantis al acecho.

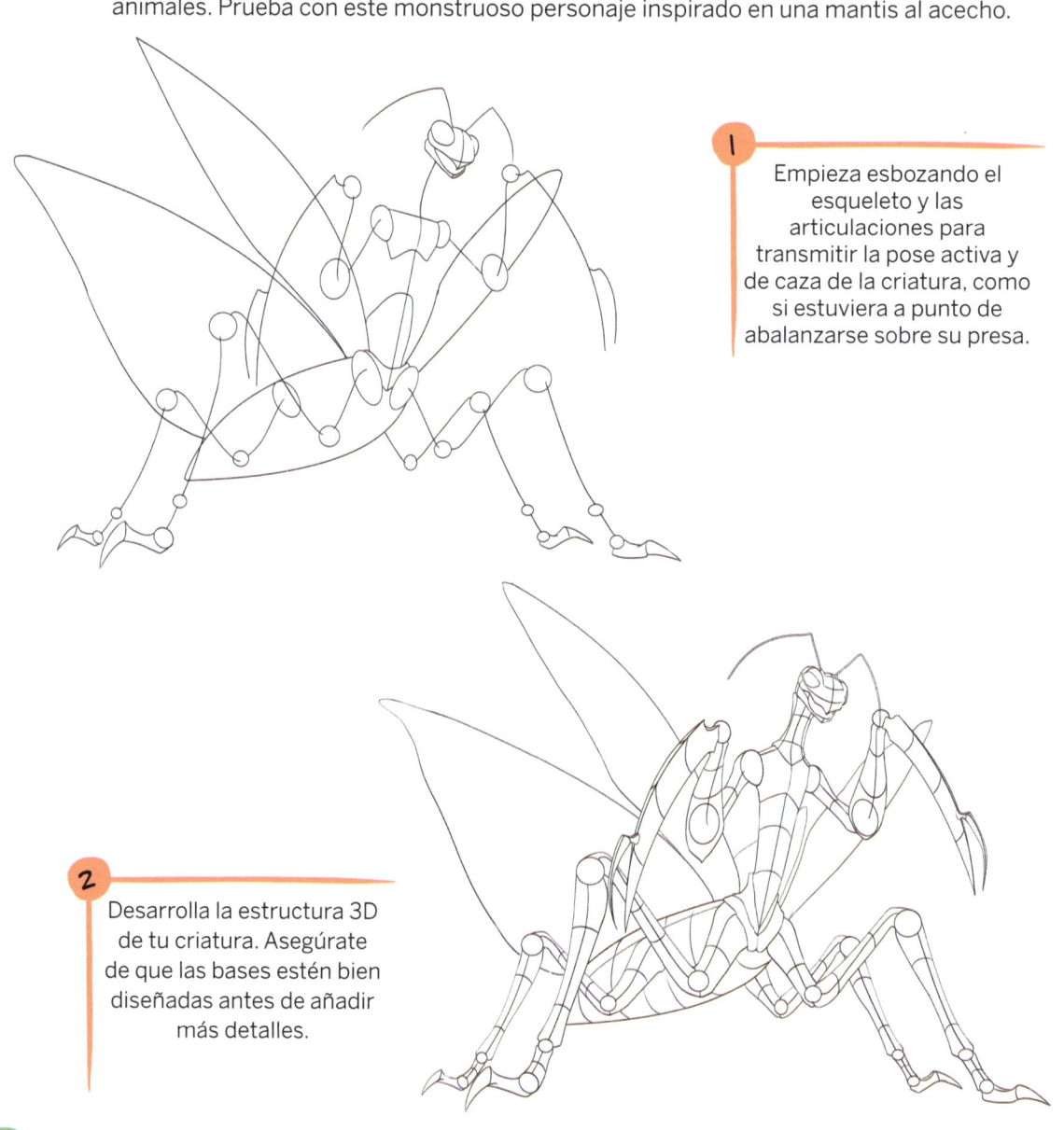

1 Empieza esbozando el esqueleto y las articulaciones para transmitir la pose activa y de caza de la criatura, como si estuviera a punto de abalanzarse sobre su presa.

2 Desarrolla la estructura 3D de tu criatura. Asegúrate de que las bases estén bien diseñadas antes de añadir más detalles.

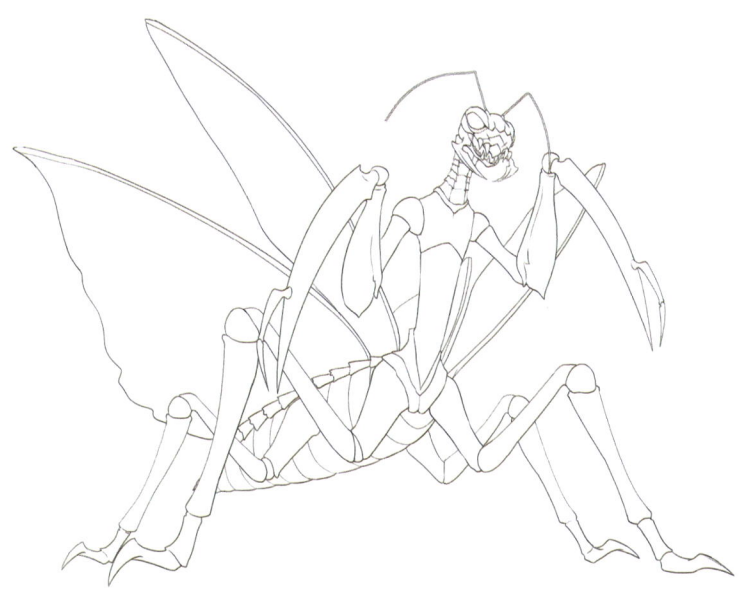

3

Añade el contorno de los ojos, dientes afilados y unas pinzas a la cara. Comienza a detallar los segmentos del cuerpo y las púas de la espalda.

CONSEJO

Cuando dibujes monstruos e híbridos inspirados en animales, las imágenes de referencia pueden ayudarte a conseguir proporciones creíbles.

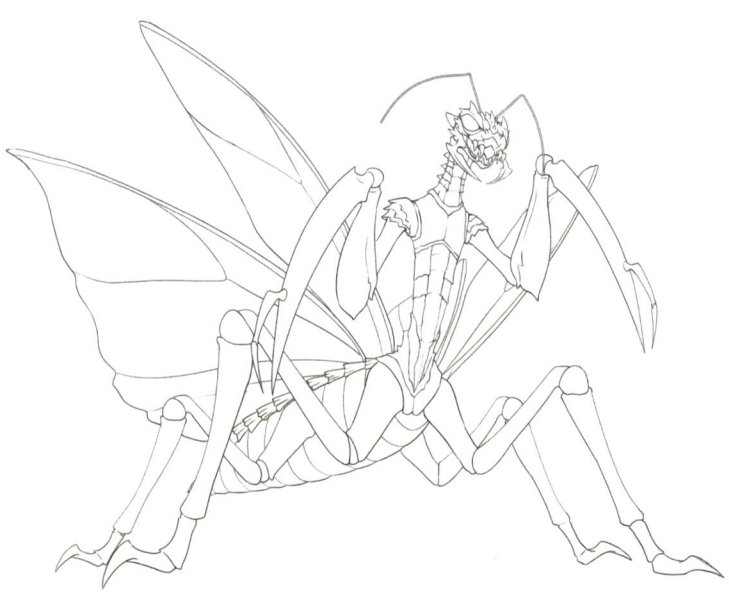

4

Sigue añadiendo detalles para que tu personaje resulte amenazador. Esboza algunas venas en las alas para darles textura.

CONSEJO

Realza tu ilustración con un fondo de gran dramatismo y dale vida con efectos especiales, como polvo y humo.

5

Concéntrate en la textura del cuerpo y cúbrelo de púas dentadas para que la superficie de la sensación de ser áspera y afilada. Añade los últimos detalles a las alas para que parezcan translúcidas.

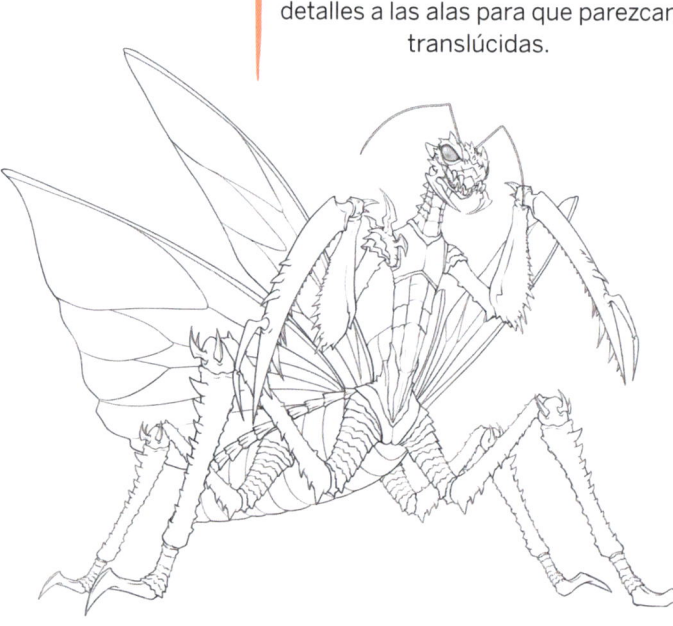

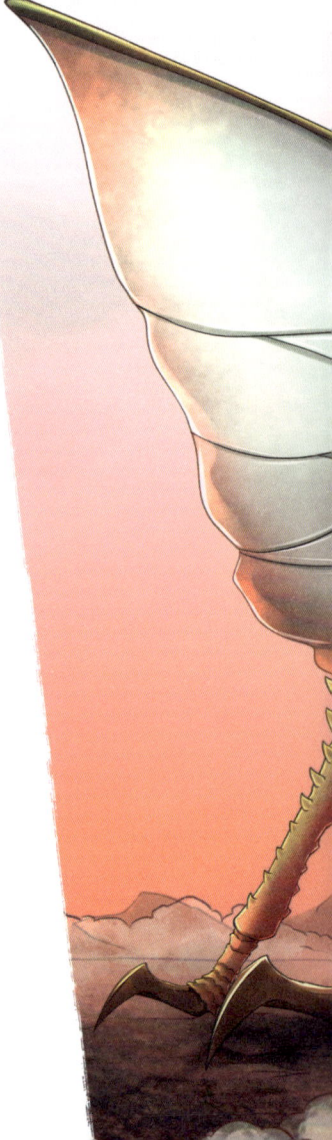

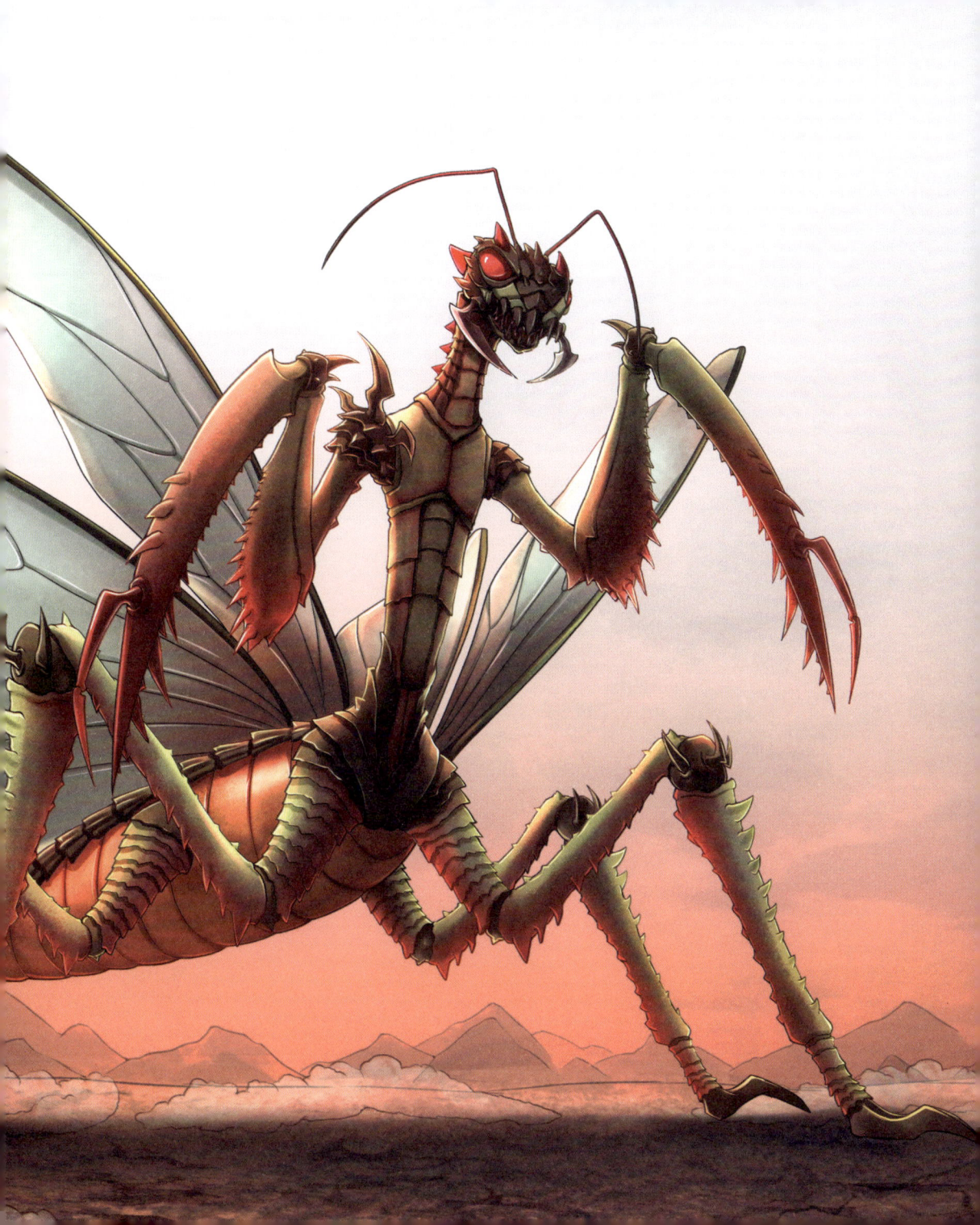

ÍNDICE ONOMÁSTICO